超级沟通力

周一南◎著

SUPER COMMUNICATION

中华工商联合出版社

图书在版编目（CIP）数据

超级沟通力 / 周一南著. -- 北京：中华工商联合
出版社，2017.6
ISBN 978-7-5158-2016-3

Ⅰ．①超… Ⅱ．①周… Ⅲ．①心理交往－通俗读物
Ⅳ．①C912.1-49

中国版本图书馆CIP数据核字(2017)第118810号

超级沟通力

作　　者：周一南

策划编辑：胡小英

责任编辑：李　健　邵桄炜

装帧设计：润和佳艺

责任审读：李　征

责任印制：迈致红

出版发行：中华工商联合出版社有限责任公司

印　　刷：大厂回族自治县彩虹有限公司

版　　次：2017年8月第1版

印　　次：2018年3月第3次印刷

开　　本：710×1000mm　　1/16

字　　数：131千字

印　　张：14.5

书　　号：ISBN 978-7-5158-2016-3

定　　价：39.00元

服务热线：010-58301130

销售热线：010-58302813

地址邮编：北京市西城区西环广场A座
　　　　　19-20层，100044

http://www.chgslcbs.cn

E-mail：cicap1202@sina.com（营销中心）

E-mail：gslzbs@sina.com（总编室）

美国著名的人际关系学大师戴尔·卡耐基说过："一个人的成功，15％得益于专业知识，85％得益于良好的社交能力。"由此不难看出，任何人想要获得成功，强大的社交能力往往是不可或缺的要素之一。

尤其是在中国这个讲究人情的国度中，人际关系的好坏，对一个人的生活和工作更有着举重若轻的影响。然而，在实践活动中，很多人对沟通的认知却有失偏颇，对沟通的真正精髓也是不甚明了。

有些人认为，沟通就是多说话，只要话说到了，沟通的目的自然就能达成。事实果真如此吗？无数的事例和教训告诉我们：唠唠叨叨地说个没完，只会让对方觉得枯燥乏味，完全没有听下去的欲望；想要凭借三寸不烂之舌说服对方，无理也能辩三分，最终只会留给对方"睁着眼睛说瞎话"的印象……这些沟通偏见，使得很多人长期停留在"沟而不通"的层次上，以至于出现十分重视沟通，努力进行沟通，却难以获得良好沟通效果的情况。

有些人觉得，沟通中最重要的就是以理服人，所以很多人热衷于讲道理。可是，每一种道理都有其相对性，只要变换道理存在的空间、时间或是其他要素，那么道理的确定性就会发生改变。而且，仅仅凭借一张嘴，通常很难将道

理讲得天衣无缝，一旦出现纰漏，就可能被对方攻击得体无完肤！如果非要逞口舌之快，妄图让对方接受自己的道理，那么最可能出现的结果便是互相攻讦，甚至破口大骂。试问，在这种情况下，还能达到沟通的目的和效果吗？

此类情况的出现，大多源于人们对沟通的偏颇认知。沟通，要"沟"更要"通"。如果始终停留在"沟而不通"的阶段，那就不是完整的沟通，理论上也不应该将其称为沟通。"说话"固然重要，但它并不是沟通的全部内容，认真倾听、身体语言、文字交流、情感交流等内容，也是沟通的重要组成部分。只有将这几部分完美融合在一起，才能真正掌握沟通的精髓，令自己变成沟通达人。

善于沟通的人，往往更有人缘，在社交中更能左右逢源、如鱼得水。如果不懂得沟通的技巧，即便你是一块价值连城的璞玉，也不会有人欣赏，这样的你与普通石头也别无二致。

本书结构简单明了，语言生动形象，内容丰富，案例翔实新颖，从听、说、读、写四个方面入手，对如何提高沟通能力进行了详细解读。希望本书能帮助您的沟通能力迈上新的台阶，能成为您今后人生道路上的良师益友。

目录

第一章

只需五分钟，就能和陌生人成为朋友

与陌生人沟通，是我们在社会生活中的必修课。对任何一个身处社交场合中的人来说，与陌生人沟通，都是一件十分重要的事情。其实，只要掌握其中的要点，与陌生人的沟通便是十分简单的事情。

接纳自己，别人也会接纳你

所谓的接纳自己，指的是一个人能够欣然地接受自己的一切，无论是优势还是劣势，也无论是优点还是缺点，都能以坦然而积极的心态去面对。

想要与陌生人结识，甚至让对方接受你，你首先应该做到的就是要接纳自己。如果连自己都不敢面对自己，不敢正视自己的问题，那么又怎么能奢望别人去接纳你呢？从这一点上说，接纳自己是与陌生人进行沟通的前提。一个连自己都不敢面对的人，必然长期受到不良情绪的影响，在心态等方面也会存在某些问题，没有积极阳光的心态，自然很难获得认可。

有一个年轻的女士，因为心理压力过大而寻求心理医生的帮助。第一次见到医生的时候，她失声痛哭："我的个子太矮了，人也长得不好看，我一个朋友都没有。"确实，女士的身高只有一米四多点，而且长得黑黑瘦瘦的，远远看去就像一个中学生。但是，只要看到她那布满阴云的脸，就知道她饱经沧桑，心态不佳。

在陌生人面前，我们有时连话都说不清楚，这是心理因素在作怪。我们觉得自卑、害怕，其实是对自己的一种否定，只要能够接纳自己，我们就能坦然地面对别人。

心理医生引导她认识自己："长相和身高已经无法改变，即便你不喜欢这样的自己，你也得接受现实，无论你如何抱怨，如何苦闷，也都无济于事。你只能接受这样的自己，勇敢地面对自己，打开自己的心门，让阳光照射进去。只有这样，你的生命才能焕发光彩，而不是像现在这样被阴霾遮掩。"

经过几次治疗，女士的心态发生了变化，她逐渐接受自己，开始试着结交朋友。随着治疗的深入，女士的脸上出现了越来越多的笑容，说话的声音也变得洪亮起来。在与陌生人沟通的时候，她变得越发自信起来。她曾经最在意的身高和长相再也不是沟通的障碍，因为即便是陌生人也会被她的人格魅力吸引，根本没有精力去顾及其他的事情。

慢慢地，这位女士变成了社交场合中的明星。无论需要面对多少陌生人，她都不再恐惧和担忧，这一切，都归功于她勇敢地接纳了自己。

所谓"天生我材必有用"，每个人都有自己的天赋，都有自己的与众不同之处。当然，每个人也都有自己的缺点和不足，"人无完人"这样的话每个人都会说，但是真正能够接纳自己的不完美的人却是凤毛麟角。

如果你想结识更多的人，想让陌生人变成自己的朋友，那么你就应该勇敢地面对自己、接纳自己，做到这点之后，你就不会恐惧，不会自卑，在与人交往的时候就能自信满满，用自己的人格魅力去打动陌生人，赢得他们的好感。

! 本节要点

每个人都有自己的优点和缺点，它们都是我们生命中不可分割的一部分，我们要做的就是坦然接受自己的一切，勇敢面对自己的一切，只有先接纳了自己，才能让别人接受我们。

"自我介绍"是块敲门砖

与陌生人沟通，首先要从自我介绍开始。恰到好处的自我介绍，会让对方产生深刻的印象，对人际关系的拓展具有十分积极的意义。

可以说，自我介绍是人际沟通中不可或缺的重要组成部分。根据不同的情况，自我介绍可简可繁，有时只需要简单介绍一下自己的姓名即可，有时则要介绍姓名、职业、特长等相关的信息。根据不同的场合，自我介绍主要分为以下几种：

1. **应酬式。**这种方式最简洁，在公共场合及一般性的社交场合应用较多，通常只要介绍一下自己的姓名即可。

2. **工作式。**这种方式相对详细一些，在私人聚会上应用较多，通常应该介绍姓名、工作单位、职务等。

3. **交流式。**这种方式更详细，一般在想要进一步交往时应用较多，通常应该介绍姓名、工作、学历、兴趣，甚至籍贯等。

4. **礼仪式。**这种方式主要表达友善的含义，在报告、演出等场合应用较多，通常应该介绍姓名、单位、职

自我介绍是一门学问，更是一种高超的技术，用好了它，就能让陌生人变成你的朋友，否则，等待你的只有一次次的失败，以及永远无法扩大的交际圈。

务等。

无论是哪种自我介绍方式，都应该做到真诚、礼貌，要根据不同场合选择合适的方式，这样才能受到对方的欣赏，赢得继续沟通下去的机会。

自我介绍时，可以借助一些巧妙的手段，这样更能吸引对方的注意力，增强"推销自己"的效果。在介绍自己的姓名时，有些人会巧妙地融合一些历史名人、典故之类的内容，这样不仅可以增加趣味性，也能展现个人的文化水平和极佳的口才。

例如，有个人名叫周振邦，在自我介绍的时候，他就可以这样说："我叫周振邦，周是周武王的周，振是振兴的振，邦是邦国的邦。父母给我起这个名字，有两层含义：一是希望我能做一个像周武王那样振兴国家的大人物，二是希望我们的国家能够振兴、富强。"通过颇具特色的自我介绍，"周振邦"这个名字会被很多人记住，从而为双方的进一步沟通打下了坚实的基础。

自我介绍或许只有几句话，看似简单，但是，如果你忽视了它的作用，自以为是地认为无非是走个过场，不太放在心上，那么，你可能因此受到严厉的惩罚。你可能非但不能与陌生人成为朋友，甚至会因为陌生人的不良评价而失去已有的朋友。

用好了自我介绍这块敲门砖，陌生人就会打开心扉，让你进入他的世界；用不好这块敲门砖，你就会不断吃到"闭门羹"，陌生人永远都不会变成熟悉的人。

● 本节要点

自我介绍的方式多种多样，在不同的场合、不同的情况下，一定要随机应变地选择最恰当的方式，这样才能吸引陌生人的注意力，将沟通继续下去。

树立良好的第一印象，沟通就完成了一半

从与陌生人初次见面的那一刻起，与你有关的一切都会在对方心中留下印象，第一印象一旦形成，便很难改变，所以，我们应该努力树立起良好的第一印象，为之后的沟通铺平道路。

第一印象又被称为初次印象，指的是两个陌生人在第一次（初次）相见时产生的印象。性别、年龄、穿着、身材、形态、言行、表情等，都是第一印象的组成部分，人们往往会根据这些因素去判断一个人的涵养和性格。

在西方有这样一句谚语："你没有第二个机会给别人留下美好的第一印象。"在生活实践中可以发现，人们确实对第一印象情有独钟。对"第一个""第一次"之类的人或事，人们的记忆往往十分深刻，这就是因为第一印象在人的头脑中占有十分重要的位置。

在陌生人面前，每个人都只有一次机会给对方留下美好的第一印象，所以我们更应该在第一次亮相的时候，就展现自己最光彩夺目的一面。

与陌生人初次见面，我们难免感觉紧张、慌乱，甚至手忙脚乱，而且越想给对方留下好印象，精神压力就越大，反而更加无法展现自己优秀的一面。其实，只要做好心理准备，适当地调节自己的情绪，再适当地掌握一些技巧，就很容易给对方留下较好的印象，为自己的整体形象加分。俗话说："好的开始，是成功的一半。"这句话用在与陌生人的沟通中同样适用。一旦树立起良好的第一印象，那么沟通就容易得多了。

首先，需要注意自己的仪表。无论你的性格是怎样的，选择恰当的服饰和搭配都十分重要。一个人的穿着不仅能展现他的审美观，也会反映他的某些心理特征，是一个人社交形象的重要组成部分。服饰应该既符合自身的条件，又能令对方感觉愉快和亲切。

其次，需要注意谈吐。通过一个人的谈吐，可以看出他的人格魅力、才识和素养。优雅和恰当的谈吐会让对方感觉惬意，粗鄙和不雅的谈吐则会让对方感觉厌弃。

最后，需要注意行为举止。一个人的行为举止能够反映他的气质、性格等，所以任何一个细小的动作都应该加以注意。在与陌生人沟通的时候，千万不要出现心不在焉或精神不集中的情况，那样会让对方觉得不被尊重，因此不会对你产生好印象。

在我们的身边，因第一印象而成功或失败的案例数不胜数。

安德森是一名新闻系的毕业生，正忙于四处寻找工作。一天，他来到一家报社拜访总编先生："您好！请问贵社有空缺的编辑职位吗？""没有。""那记者呢？""也没有。""那么校对呢？""没有。事实上，我们现在没有任何空缺的职位。""那好吧。我想，您这里肯定缺少这个。"安德森边说边从包里拿出一块精致的木牌，木牌上写着："额满，暂不雇用。"总编看了一眼牌子，会心地笑了笑，说："如果你愿意，我们的广告部倒是需要一个人。"

通过一块精致的木牌，安德森展现了自己的乐观精神，由此让总编对他产生了极佳的第一印象和浓厚的兴趣，安德森也获得了一份令人满意的工作。

面对毫不了解的陌生人，沟通起来确实存在诸多困难。但是，只要打好

"第一印象"这头一枪，就能让陌生人喜欢你，进而产生继续沟通的意愿，为后续的沟通打下良好的基础。

❗本节要点

陌生人之间，彼此并不了解，初次见面的时候，第一印象自然尤为重要。良好的第一印象，会对沟通产生有益的促进；糟糕的第一印象，则会将沟通扼杀在摇篮之中。

有了共同语言，更容易得到对方的认同

　　第一次与陌生人见面时，心理上难免会有一些距离，不知所措或不知道说什么的情况时有发生。实际上，只要能够找到共同语言，就很容易打破尴尬的局面，令双方的沟通变得自然、顺畅起来。

　　稍微留心一点就能发现，如果下楼散步的时候带着小孩，那么很容易就能和楼下的家长们热聊起来；假如只是一个人下楼，通常很难融入家长们的圈子。道理很简单：当孩子们一起玩耍的时候，家长之间的谈话自然而然地就从孩子身上展开了。

　　类似的情况也十分常见。比如，遇到身体健硕的男性，可以和他聊聊运动；遇到口音相似的人，可以和他聊聊家乡；遇到年龄稍小的人，可以和他聊聊动漫、人工智能等年轻人比较感兴趣的话题。总结起来就六个字：寻找共同语言。只要能够找到共同语言，那么接下来的沟通就会变得容易得多，沟通的过程也会令双方感觉更加惬意。

面对初次见面的陌生人，每个人的心里都会出现一些波动。但如果抛开紧张、担忧、手足无措等令人烦恼的情绪，试着将全部的精力用于寻找共同语言，就一定能得到意想不到的收获。

　　小丽年龄不小了，父母总是张罗着帮她找相亲的

对象。

一次，她在父母的要求下去相亲。没想到，到了公园之后，她的小狗却跑丢了。小丽心急如焚，哪里还有心情去相亲呢？她四处寻找，终于看到自己的小狗正在一个角落里和另一只小狗玩耍。小丽静静地看着它们，心里别提有多高兴了。

此时，一个帅气的小伙子走了过来，看样子是另一只小狗的主人。小丽指着两只小狗示意小伙子不要打扰它们，小伙子马上心领神会。两个人站在一旁，谈话从小狗开始。

"你的狗狗很可爱啊，养了几年了？"小伙子首先开口。

"三年多了。你的狗狗几岁了？"小丽反问道。

"两岁多了。家里还有两只五岁多的。"小伙子说道。

"你这么喜欢狗啊！我也想多养两只呢！"小丽惊讶地说。

"哦，这样啊，那我可以介绍点经验给你。咱俩加个微信吧！"小伙子说。

"好啊，以后可以多交流。"小丽开心地回答。

加为好友之后，两个人经常聊天，后来才知道，原来他俩当天都是被迫去相亲的。没想到，两只小狗竟然变成了双方的"介绍人"，最终成就了一段好姻缘。

在这个案例中，本来对相亲都十分排斥的两个人，因为小狗而巧遇，又因为小狗这一共同话题而走到了一起。由此可以看出，对陌生人来说，共同话题是拉近距离的极好手段。

所以说，陌生并不可怕，可怕之处在于缺乏直面陌生的勇气。只要我们能以平和的心态去面对陌生人，然后从两个人的沟通中去寻找蛛丝马迹，努力找出彼此的共同点，这样，互相之间就会有话可说，沟通就不至于陷入冷场的境地。

❗本节要点

　　面对陌生的环境、陌生的人，每个人都会产生不适感，我们要做的就是降低甚至消除这种不适感对自己的影响，以求更快地找到与陌生人之间的共同语言，以便更快、更顺利地进行沟通。

读懂对方，有的放矢地开始沟通

在出门之前，我们通常会看看天气预报。如果天气热就减一些衣服，如果天气凉就加一些衣服；要下雨就带着雨伞，如果阳光强烈就抹点防晒霜。其实，在与人沟通的时候，也有相同的道理，一定要注意观察对方情绪上的"阴晴圆缺"。尤其是面对陌生人的时候，更要关注对方的情绪变化，只要能读懂对方，就能进行更有效的沟通。

杰特和科尔是同一家公司的业务员。一天，老板让他们一起到一家有合作关系的公司，去处理一个报表的问题。

两个人来到那家公司时，负责报表的人还没来，于是他们在会客厅里等。等了一个多小时，负责人终于来了。性情急躁的杰特拿着报表走进了负责人的办公室，相互寒暄之后，杰特单刀直入："贵公司的报表有点问题，我们特意来核实一下。"

负责人有些心灰意懒："哦，是吗？"

面对陌生人的时候，不仅要有语言的沟通，也要从情绪的变化上观察对方。一旦发现对方的情绪不高，就应该适度地表示关心，而不是非要滔滔不绝地惹对方不高兴。

"当然是啊，不然我过来干吗？"杰特有些着急。

"那我找人核实一下吧！过两天给你答复。"负责人的情绪依然不高。

"什么？过两天？我们那边还着急投产呢！"杰特更加焦急了。

"我们这边也着急啊，可是总要一步一步来啊！"负责人有些不耐烦的样子。

"你这种态度的话，我只能向我们老板反映了。"杰特拿着报表走出了办公室，气呼呼地回到了会客厅。

"这个负责人真是太不像话了，根本没法跟他沟通。我看咱们还是回去吧！"杰特对科尔说，明显怒气未消。

"我去试试吧，你稍等一下。"科尔边说边拿着报表走了出去。

走到负责人的办公室门口，科尔轻轻地敲了敲门，得到允许之后，他推门走了进去。在向负责人做自我介绍的时候，他注意到负责人正按自己的太阳穴。

"怎么？最近工作很忙？"科尔关切地问道。

"是有点忙，不过没关系。您有什么事情？"负责人说道。

"哦，是关于报表的事情，有点小问题。"科尔边说边递上报表，"我看您脸色不太好，要不改天再说？"

"我没事，休息一下就好。"负责人边说边接过报表看了起来。

"工作什么时候都能做，您一定要注意身体。"科尔很关心地说。

"谢谢您的关心！报表的问题莉莎可以帮您解决，现在我就让人带您去找她。"

面对同一个人、同一个问题，杰特和科尔却得到了截然相反的结果。原因就在于杰特只关心报表的问题，忽视了负责人情绪的变化；而科尔注意到了这种变化，用关切的语言赢得了负责人的心。

相关的研究表明：人在心情舒畅时，包容性相应变大；情绪低落时，包容性则相应变小。善于沟通的人，往往会根据对方的情绪来决定什么时候说话，什么时候沉默。在面对陌生人时，如果可以敏锐地察觉到对方的情绪变化，就能提高沟通的效率，赢得对方的友谊。

🕐本节要点

不同的情绪，会对一个人的接受程度产生不同影响。想让对方接受自己，乐意与自己交流，就要读懂对方的情绪，在该讲的时候讲，该停的时候停。

自嘲一下，对方会更加喜欢你

在现代社会中，善于沟通的人不会乱说话，这是因为，无论说的话是有意的还是无意的，都可能不小心触碰某些人的敏感神经。尤其是在陌生人的面前，由于彼此不了解，不知道对方的忌讳，那就更容易伤害对方，进而影响沟通的进程。

可是，在某些时候，总会发生一些突发状况，要巧妙地化解危机，调侃对方肯定不太合适。这种时刻，如果能够适当地自嘲，就能得到比较好的效果。善于沟通的人，经常会做这样的事情，因为他们很清楚，无论怎样嘲笑、讥讽自己，对方都不会对自己产生憎恶感；相反，这种巧妙的自嘲，反而能够表现自己的幽默和真诚，会让对方衷心地喜欢自己。

自嘲是一种幽默的表现，更是一种智慧的体现，它可以化解人际交往中的尴尬，为沟通双方创造一个更加轻松的沟通氛围。这种方式效果显著，而且屡试不爽。

霍夫曼将军是一个威望极高的人，很多士兵都觉得他是一个不易接近的人。一次，他到慕尼黑视察，士兵们都刻意与他保持一定的距离，这让霍夫曼将军感觉很不舒服，他觉得自己受到孤立，好像是一个不受欢迎的人。

到了晚上，为了增进与大家的感情，霍夫曼决定参加一个晚会。在晚会现场，虽然霍夫曼的脸上一直挂着笑容，但是他与众人的沟通情况并没有多大的改善，大家依然如履薄冰地与他交谈，唯恐出现什么错误。

晚会还在继续，这时，一名服务员过来给霍夫曼将军倒酒，当时，霍夫曼正低头听人说话，并没有注意服务生的到来。服务生因为过于紧张，手一抖，竟然将酒倒在了霍夫曼的头上。大家都知道，霍夫曼没有头发，而且非常讨厌别人谈及头发的话题。这下服务生彻底傻眼了，在场的人也都茫然无措，不知道如何处理这个尴尬的情况。所有人都在等着霍夫曼将军大发雷霆，那个服务生已经吓得脸色发白，汗水也不停地往下流。

然而，事情并没有往大家担心的那个方向发展。只见霍夫曼拿出一块手帕，安安静静地将头上的酒擦干，然后笑着对服务生说："小伙子，这二十年来，我的头上一直'寸草不生'。你这个用酒刺激头发生长的方法，我早就试过了，非常感谢你的良苦用心。但是，我还是得把实话告诉你，这个方法根本没有任何作用。"

听了霍夫曼的话，在场的人先是吃了一惊，但是很快，现场就爆发出一阵巨大的笑声。在大家的笑声中，服务生从容地继续倒酒，坦然地完成自己的工作。现场的人也瞬间感觉霍夫曼亲切了许多，大家的关系一下就被拉近了。

在那种情况下，霍夫曼大发雷霆也是情理之中，但是，发完脾气之后，大家只会更加害怕霍夫曼，更加不敢和他交流。那样的话，霍夫曼只会感觉更加孤独。于是，他以自嘲的方式摆脱尴尬，不仅给服务生留了台阶，也为自己赢得了大家的心。

一个聪明人是不会介意在适当的时机自嘲的，因为这种自嘲不仅可以化解尴尬，还会让人产生亲切感，由此可以获得更多人的喜爱。在与陌生人沟通的过程中，能让对方多喜欢你一分，那么沟通成功的可能性就多一分。为了这多一分的可能性，自嘲一下也没有什么大不了了。

自嘲就像一件光彩夺目的心灵的外衣，正是因为它的存在，我们内心深处的很多波动才能得到平复，我们才会变得更加活力四射，充满青春的气息。

❗本节要点

一个敢于自嘲的人，通常是乐观而向上的。每次自嘲，其实就是一次针对内心的自我剖析，这不仅需要极大的勇气，更需要强大的内心支撑。只有那些自信而乐观的人，才能灵活自如地运用。

记住对方的名字，他会对你刮目相看

试想一下，如果你和某个人仅仅有过一面之缘，双方只是相互告知了姓名，但是在第二次见面的时候，他竟然能喊出你的名字，你的心中是不是会泛起幸福的波澜？你是不是对对方顿生好感，想要和他深入交往下去？

倘若你初次和陌生人见面，你会不会想着记住他的名字，以便下次见面时能够直呼其名，看看他一脸惊讶的表情？是不是希望用记住对方名字的方式来增加对方对自己的好感？

对这几个问题，相信很多人会毫不犹豫地给出肯定的答案。这是因为，对任何一个人来说，想要记住一个陌生人的名字都是件十分困难的事情，然而，恰恰因为这种困难，能够做到的人必然令人印象深刻，甚至受人敬佩。

名字不仅是一个代号，更是一个人最直接的名片。中国有句古话叫作"人过留名，雁过留声"，每个人都希望自己能够在历史上留下光辉灿烂的一笔，而名字就是一个人最好的标记之一。尽管能够被历史记住的人只是凤毛麟角，但是人们心中的这种渴望并不会磨灭。

> 面对初次见面的陌生人，想要记住他的名字确实很不容易。如果你能在第二次见面时准确地叫出对方的名字，那无疑会给你的个人形象加分，令你成为一个备受欢迎的人。

当你喊出不熟悉的人的名字时，他的心中必定是欣喜的，因为他能从中感受到你的尊重。有鉴于此，他的心中自然会生出对你的好感，会更乐于听你说话，进而与你进行更深入的沟通。

在现实生活中，总会听到很多拗口或是不好记忆的名字。尤其对一些外国人的名字，很多人更感觉束手无策。

赵刚是一名推销员，在一次活动中，来了一位外国客户，他的名字很长，一般人都记不住他的全名，而是用简称和他打招呼。赵刚和他认识之后，非常用心地记下了他的名字。第二次见面的时候，赵刚十分流利地叫出了这位客户的名字，这让客户感到十分诧异，他激动地对赵刚说："先生，真没想到您能叫出我的名字，已经很久没人用我的全名称呼我了。"客户对赵刚心生好感，不仅自己从赵刚那里购买产品，同时还介绍自己的朋友给赵刚认识，赵刚的业绩因此有了很大的提升。

赵刚的成功，并不是一个偶然的个例。交往的过程中，每个人都希望自己能够给对方留下深刻的印象。如果你能在第一次见面时就记住陌生人的名字，这不仅是对对方的极大褒奖，也会受到众人的欢迎。

🕀 本节要点

记住遇到的每个人的名字，或许不是一件容易的事，但是只要肯下功夫，经过长期的积累，一定可以建立广泛的人脉，成为受人欢迎的交际达人。

一回生，二回熟

20世纪60年代，美国的一位心理学家曾经做过一个实验：他将很多照片一一放在被试者的面前，区别只是照片出现的次数不一样，有的照片出现过三四十次，有的照片出现过一二十次，有的照片则只出现过几次。然后，让被试者对照片中的人物的喜爱程度做出评价。结果显示：那些出现次数越多的照片，越是受到喜爱。可见人们对人物的喜爱程度与他出现的次数成正比。

还有一个实验，也很好地证明了上述观点。

在一所大学的女生宿舍里，心理学家随意找了几间寝室，给寝室里的每个女生发了一个小礼物，让她们互相交换礼物，但是彼此之间不能进行语言交流。一段时间之后，心理学家调查了她们相互间的喜爱程度。

结果同样发现：彼此见面次数比较多的女生，相互之间的好感比较多；彼此见面次数比较少的女生，相互之间的好感则没有那么多。

这两个实验体现了一个相同的理论，在心理学上，它叫"多看效应"。

初次见面，难免会觉得有些尴尬或无话可说，这是人之常情，随着见面次数的增多，彼此之间会越来越熟悉，越熟悉，心理的距离越近，沟通起来就越容易。

　　根据这一理论，和陌生人沟通的时候，即便双方没有语言的交流，但见面的次数越多，彼此之间的好感也会越多。

　　有人或许不相信和陌生人沟通会这么简单，但是事实就是如此。试想一下，你有两个童年时期的好友，关系都非常亲密，但是在大学毕业之后，一个与你在同一个城市工作，另一个则到遥远的国外继续深造。在同一个城市的好友时常能够见面，所以两个人的关系自然会越来越亲密；而在国外的好友见面机会较少，所以会在不知不觉间疏远了关系。

　　这种情况在社会的各个方面都很普遍，很多人会在交往中加以应用。

　　李伟是一名玩具推销员，他很想和推销区域内的一家玩具店的老板签一份合约，长期为玩具商店提供玩具。但是，想为玩具店老板提供玩具的推销员太多了，老板有些不耐烦，所以总是找借口说自己没时间，不愿接待推销员。

　　李伟去试了几次，结果都是碰了一鼻子灰。李伟决定改变策略，他不再到玩具店老板家中拜访，而是到他经常光顾的地方，装作不经意间与他相遇，有时打声招呼，有时只是笑着点点头。经过一段时间的接触，玩具店老板对李伟产生了良好的印象。李伟感觉时机已经成熟，于是在一次"偶遇"的时候和玩具店老板聊起了工作。

　　"见了这么多次面，总觉得您很忙，您的玩具店生意很好啊！"李伟很随意地说。

　　"是啊，有时确实很忙。但是，您怎么知道我有一家玩具店？"玩具店老板有些诧异。

　　"您真是贵人多忘事，我曾经去家里拜访过您，可是您没时间接待我。这是我的名片，请笑纳。"李伟说着递上自己的名片。

　　"哦，是吗？真是非常抱歉！想见我的人确实太多了，我实在是分身乏

术。"玩具店老板面带歉意。

"我能理解，所以没敢老打扰您。希望以后能有机会和您详细谈一谈玩具销售的情况。"李伟非常诚恳地说。

"为什么要等以后？现在就可以谈啊！"玩具店老板豪爽地说。

于是，两个人找了个咖啡厅坐下，经过一番交谈，最终签下了一份合同。

对某些人来说，通过语言的方式与陌生人沟通确实有些困难，这种时候，可以适当运用"多看效应"，当彼此之间感觉脸熟之后，再进行交流就会容易很多。

● 本节要点

无论交际能力如何，先跟对方混个脸熟，能有效地消除陌生感，增加亲和力，使对方放下心中的戒备，让交流更加真诚和轻松。

第二章

听话听音，每句话都有其价值所在

在学会说话之前，倾听是我们唯一能做的也是最喜欢做的一件事情。正是因为听到大人如何说话、如何表达，我们才慢慢学会了说话，逐渐学会了表达。然而，令人感到遗憾和不解的是，当我们能说的内容越来越多时，却越来越忽视倾听的作用，自以为是地认为只有不断地说，才能达到更好的沟通效果。

懂得倾听，才能赢得人心

在与人交往的过程中，说话和倾听是不可缺少的两个组成部分。两者相较而言，倾听的作用甚至比说话更加重要。懂得倾听别人说话，可谓一门高深而难以掌握的沟通技巧。

苏格拉底曾经说过："自然赋予人类一张嘴、两只耳朵，就是让我们多听少说。"在我们尚未学会说话的时候，已经能够通过倾听来获取信息、用肢体语言与外界进行沟通了。从这个意义上说，倾听是沟通的重要组成部分，甚至是先决条件。

通常而言，沟通中最常用到的就是说话能力和倾听能力。能说会道固然很好，可是不懂得洗耳恭听，沟通就难以最终完成。只有学会倾听，才能了解对方的诉求，才能用头脑去思考，用心灵去感受。相较于开口发言，懂得倾听其实是更加难以掌握的能力，毕竟每个人都想通过发言来表达自己的想法，而很容易忽视对方所说的内容。实际上，通过倾听来了解对方的真实想法，反而能更加精准地满足对方的诉求。从这个意义上说，倾听的能力比说话的能力更重要一些。

俗话说："会说的不如会听的。"在人际沟通的过程中，不懂得如何听人说话或听不出对方的弦外之音，往往比不会说话更容易出现问题。与人交往时，当对方想要说话时，一定要给对方足够的时间和机会去畅所欲言，让对方感受到十足的尊重。只有这样，对方才会被你折服，才愿意继续和你交谈下去。

凯文是一名保险推销员，有一次，他与一位潜在客户会面之后，客户说出了那句令无数推销员失望透顶的话："好吧，我还是再考虑一下吧！"

凯文和这位客户已经进行了数次会面，每一次客户都会详细地询问一些问题，这次也不例外，可以说双方已经聊得十分深入。那么客户为什么会这样表态呢？凯文从客户的话中听出了一丝异样的东西，于是真诚地对客户说："很冒昧地说一句，我觉得您还是有些疑虑，您能告诉我究竟哪里出了问题吗？"客户迟疑了一下，便坦诚地说出了自己心中的顾虑。原来，凯文所在的公司曾经出现过一次失误，给社会造成了不好的影响，加上竞争对手的大肆诋毁，使客户对凯文公司的可信度产生了怀疑。

了解到原因之后，凯文的心中便有了底气，他十分耐心地向客户进行解释，慢慢解除了客户心中的疑惑。此后的一段时间里，凯文和客户又见了几次面，每一次他都认真倾听客户所说的话，并一一解答客户心中的疑问。最终，这位潜在客户成了凯文长期合作的对象。

从这个例子不难看出，倾听能力已经成为影响人际交往和社会活动的重要因素之一，想要在社交场合占据一席之地，就要认真倾听对方所说的每一个字、每一句话。

在戴尔·卡耐基成功的历程中，善于倾听起到了举足轻重的作用。一次宴会上，卡耐基坐在了一位植物学家旁边，尽管他对植物学所知甚少，却依然饶有兴趣地听植物学家谈论与植物有关的种种趣事。在整个宴会过程中，卡耐基并没怎么说话，但在宴会结束之后，植物学家却对身边的人说卡耐基是一个十分有趣的交谈家。

　　由此可见，即便做不到巧舌如簧，只要学会了倾听，也能在奔向成功的道路上大步向前。

◑本节要点

　　倾听不仅是生理意义上的听，更是一种积极的心理活动。在倾听的过程中，单是听人说话是不够的，还要进行积极的思考，以更好地理解说话者传递出的信息，并及时地给予反馈。

不同的开场白，展现不同的内心世界

在开始正题之前，很多人都习惯说上一段开场白。这是为什么呢？

心理学家经过研究，给出了两个答案：第一，讲话者担心对方不知道如何去听自己讲话，于是一再地进行铺垫；第二，讲话者担心对方理解不了或误解自己的意图，所以进行许多自认为不可或缺的铺垫。

通常而言，开场白的形式与讲话者的性格息息相关，通过研究开场白，能够了解讲话者具有的性格特征。

1. **肯定式。**采用这种开场白的人往往对自己将要阐述的观点充满信心，他们坚信"君子一言，驷马难追"，所以对讲话的实际意义颇为看中。他们是信守承诺的人，不会轻易承诺，但一定会做到言出必行。

2. **否定式。**采用这种开场白的人往往具有很强的自我保护意识，不愿被外界环境所改变。他们具有极强的征服欲望，愿意接受各种挑战，敢作敢当但又过于执着。

3. **猎奇式。**采用这种开场白的人通常具有极强的支配欲望和强烈的猎奇心理，对对方的隐私具有浓厚的兴趣。

在人际沟通中，很多时候人们会在切入正题前说一些话作为铺垫，也就是开场白。不同的开场白预示着讲话者不同的心态，掌握其中的奥秘有助于了解对方的个性。

他们的谈话通常不会涉及自己或与自己有关的人，而是将话题的重点放在与自己毫无关系的人身上。

4. **家常式**。采用这种开场白的人通常想与对方拉近关系，所以从让人感觉亲切的话题入手。他们考虑问题的时候可谓细致入微，发现别人的错误时会及时指出，但是他们不会令人厌烦，因为他们能站在对方的角度上考虑问题。

5. **冗长式**。采用这种开场白的人一般十分体贴，他们唯恐直截了当的开场白会令对方无所适从，因此会将自己要讲的重点一一罗列出来。另外，他们担心过于简单的开场白无法显示自己的学识和口才，给对方留下不好的印象，所以会将开场白一再加长。

6. **傲慢式**。采用这种开场白的人一般具有很强的应变能力，能够在不同的场合使用不同的开场白。但是他们往往具有强烈的自卑感，以傲慢的态度示人，就是为了掩饰心中因自卑而产生的恐慌感。

7. **重复式**。采用这种开场白的人往往深谙沟通策略，在出现问题的时候会将责任推到别人身上。他们会反复强调自己的开场白，因为有些内容对自己和对方都具有十分重要的意义，他不会强迫对方接受，但反复强调就意味着已经告知，一旦出现问题便和他们没有关系。

与人交往时，很多人喜欢"闲话少说，直入正题"的沟通方式，觉得这种方式能够节约时间和精力。实际上，如果能够仔细倾听一个人的开场白，不仅能够了解他的性格特征，还能对讲话的主题产生大致的认识，一旦找到了讲话的大概方向，接下来的沟通便能事半功倍了。

❶ 本节要点

每个人都有与众不同的性格，因此开场白的方式也是各种各样，只要认真倾听、仔细分析，定能从中找到有利于沟通的线索，不断拓宽沟通的渠道。

把话听完整，切忌轻易"抢答"

我们从小就被教育无论做什么事情都要有始有终，如果半途而废，那么之前所做的一切努力都将白费，最终只会徒留遗憾和懊悔。

同理，听人说话也要从头听到尾，不能半途而废。因为语言的魅力之一就在于戏剧性，如果我们仅仅听了一半就妄加判断，进而做出反应的话，通常就会做出错误的判断。假如对方说的话只是一个引言，或者是故意布下的"陷阱"，那么沟通注定就会面临失败。

即便没有"陷阱"，打断别人说话也是一种十分不礼貌的行为，是一种不尊重对方的表现，难免会令对方产生反感。

美国有一位十分著名的主持人，名叫林克莱特，他因十分善于沟通而深受人们喜爱。

一天，电视台要做一档儿童访谈节目，善于沟通的林克莱特自然成为主持人的最佳人选。

节目开始后，林克莱特和台上的小朋友亲切地打过

对于"抢答"，相信大家都不陌生。很多人之所以给出错误的答案，是因为在题目中有很多误导条件，诱导我们做出错误的判断。沟通也是一样，如果只听一部分，往往会错误理解对方的意思。

招呼，就开始了访谈的主题："小朋友们，你们觉得飞行员这个职业怎么样？"

小朋友的回答可以说是五花八门：有的说飞行员很威风，有的说飞行员的衣服很酷，有的说当飞行员需要有好身体，还有的说想当飞行员需要通过严格的考核。

一个坐在后排的小朋友给出了这样的答案："我的愿望就是当一名飞行员，专门驾驶着飞机为人们服务。"

林克莱特觉得这个小朋友有些与众不同，于是继续问道："你知不知道驾驶飞机是要承担很大风险的？"

"我知道，但是我不怕。"小朋友的目光非常坚定。

"那么，如果飞机在半空中耗尽了燃料，你会怎么办呢？"林克莱特故意提出一个刁钻的问题。

"我会让飞机上所有的人都系上安全带坐好，然后我先跳伞离开。"

小朋友的回答引起了轩然大波，台下发出了窃窃私语和嘲笑声。面对这种情况，那个小朋友有些着急，很明显，他还有话要说。于是，林克莱特示意大家安静，让小朋友继续把话说完。

"我要赶紧去取燃料，然后回来给飞机加上，这样才能拯救大家。"小朋友委屈地说。

此时，节目现场变得寂静无声，刚刚嘲笑小朋友的那些人简直无地自容。

林克莱特带头鼓掌，并进行了总结发言："孩子的想法我们是无法理解的，刚刚我们错误地理解了他的意图。"

我们的生活中何止一次错误的理解？因此，在别人说话的时候请保持耐心，给他们足够的时间去表达自己的观点，只有完整地听完所有讲话，才能准确地理解对方所要表达的意思。如果你非要在别人还没讲完的时候就去"抢答"，将会不可避免地犯下断章取义的错误，给沟通带来无法挽回的损失。

⚠ **本节要点**

在沟通的过程中，很多人都不会完整地听完别人的讲话，而是在别人的话刚刚讲了一部分的时候就抢着发表自己的看法，这样做的结果往往是曲解别人的观点，对别人产生误会。

小小口头禅，藏有大玄机

口头禅是一种固定的语言反射模式，能够反映人们对事物的某种看法。之所以出现口头禅，是因为人们在接受外界信息的过程中对信息进行了心理加工，一旦出现类似的情况，口头禅便会脱口而出。

在人类的语言中，口头禅是十分常见的。它是在长期的生活中潜移默化形成的，已经成为人们语言中不可或缺的一部分，往往很难引人关注。然而，恰恰因为它是语言中难以剔除的一部分，是一种潜意识中的条件反射，因此更容易从中得出一个人的信息和本性。

从不同的口头禅中，我们可以大致了解每个人不同的性格特点。以"说实话""不骗你"之类的话为口头禅的人，通常害怕对方不相信自己，心理相对脆弱；以"也许吧""估计是"之类的话为口头禅的人，往往具有极强的自我保护意识，不会轻易吐露心声；用"可是""然而"之类的话作为口头禅的，一般喜欢寻找借口，为自己开脱。

销售员赵冬去见一位客户，希望能够劝说对方购买一批新型的办公设备。见面后赵冬首先做了自我介绍，之后便围绕办公设备展开了交谈。

在交谈过程中，赵冬发现这个客户很喜欢说"听朋友说"这个口头禅。例如，"听朋友说耗材都在降价，怎么你们的产品还这么贵？""听朋友说很快就有更新型的办公设备上市，这款设备到时候是不是就落伍了？"等等。

从客户的口头禅中，赵冬察觉到这个客户对市场有很深刻的认识，只是在决策方面有些犹豫，很容易受到外界的影响。于是，他很认真地对客户说："我们的设备贵，是因为我们采用了最先进的技术和材料，有些技术是我们独家的专利，就算有新产品出现，也无法超越我们的产品。"

听到这里，客户迟疑了一下，但也没有立刻做出决定。

赵冬立刻又说："这种设备确实价格高昂，但是我们也不会只做一锤子的买卖，所以售后方面您可以放心。我觉得这款设备确实对您的公司有很大的用途，要不我明天给您送过来，您可以先试用一下。"

客户好像有些动摇，但是依然没同意签合同。

赵冬接着又说："这样吧，为了显示我的诚意，我给您打个九折，您看怎么样？"

"好吧！就这样定了。"客户终于下定了决心。

在这个案例中，客户不经意间说出的口头禅成了赵冬窥探其心理的绝佳切入点，赵冬的成功推销与其善于"听"的能力也有密不可分的联系。

一般而言，每个人都有或多或少的口头禅，只是有些受人关注，有些被人忽视而已。在与人沟通的过程中，只要多加留意，就不难从中解读出对方的内心世界。

🔔 **本节要点**

各种各样的口头禅层出不穷，"我可以"之类具有鼓励色彩的口头禅能够增添个人魅力，"郁闷"之类让人情绪低沉的口头禅只会让你成为众人远离的对象。

朋友随口一说，不代表你能随耳一听

当你听到"我随便说说""我就那么一说"之类的话时，头脑中会有怎样的念头？是觉得对方只是随口一说，并没有什么深刻的寓意，还是觉得对方话里有话，似乎有所暗示？

有的人非常渴望别人能够关注自己所说的话，但是又不希望说得太过直白，因此以"随便说说"之类的话来掩饰自己真实的想法；有的人则像聊天一样，对于刚刚谈及的内容并未真的放在心上。无论说话者是哪种情况，你都不能简单地听其表面意思，而要适当地进行一些思考。

张磊是一个十分爱面子的人，"死要面子活受罪"这句话用在他身上可谓恰如其分。

张磊和女朋友已经谈了三年多的恋爱，感情十分稳定，于是两个人有了结婚的计划。在城市里打拼了几年之后，两个人手头有些存款，但是想要买一套属于自己的房子还需要向朋友借一些钱。

面对不得不借的局面，张磊依然放不下自己的脸面，

生活中，总会遇到一些喜欢随便说说的人，听起来他们对自己所说的话并不在意。可是，假如你真的以为他们只是随便说说而已，那你就太天真了。

不好意思直接向朋友开口借钱。拜访朋友时他总会带上一些礼物或水果，装作去看望朋友一样，进屋后也是聊些工作、家常之类的话题，不愿直接表达借钱的意思。每每谈到工作，他总会说："我挣的那点工资，想要买房结婚，实在是差得太多了。"如果朋友说："手头钱不够？我拿点给你啊！"他就会说："我就那么一说而已，没事。"对于这句"随口一说"的话，有些朋友没往心里去，张磊"间接借钱"的打算就落了空；也有些朋友知道张磊好面子，不愿直接开口借钱，找了各种理由将钱借给他。

如果你是张磊，面对不同朋友的不同表现，你的心中会有怎样的波动？你对不同反应的朋友会产生怎样的判断？

大家有怎样的答案我不得而知，于我而言，肯定更愿意和那些借钱给我的人更深入地交往，不仅仅因为感恩，更因为他们懂我、理解我，和他们交往，心态更放松，心情更愉快。

在交际场合中，与张磊性格相似的人数不胜数，当他们说出"我随便说说"之类的话时，通常并非随便说说而已。我们要用心去听、去体会，才能听出话题中所蕴含的深层含义，才能变成朋友眼中可以信任和深交的人。

⚠ 本节要点

每一个人说的每一句话都蕴含着某种意义，即便是一句非常"随便"的话，也要用心去听，尤其在对方刻意重复"随便"时，更要仔细分析其中的深意。

别只顾着乐，听听对方说的啥

受到传统观念的影响，很多人会在交际场合表现得严肃而认真。那些好"逗"的人往往会被当成异类，受到众人的排挤甚至嫌弃。然而，摆在眼前的事实却告诉我们，那些说话、做事很"逗"的人往往更能吸引人们的眼球，成为交际场合的明星。

> 幽默是一种美妙的艺术，更是一种难能可贵的能力。它所蕴含的魅力，大多数人都难以抵挡。可是，讲出幽默话语的目的仅仅是让人发笑那么简单吗？

很久很久以前，一位国王带领众人到森林中狩猎。他们发现了一头麋鹿，于是拼命地在后面追赶。当他们追到森林深处的时候，悲剧发生了：不仅麋鹿没了踪影，他们还迷路了。他们不得不在森林里四处乱转，希望找到来时的路。他们吃完了随身携带的食物、喝光了所有的水后依然没有找到出去的路，在身心俱疲、斗志将无的时候，他们终于看到了一丝微弱的灯光。众人向着灯光走去，在灯光的尽头找到了猎人的家。

国王饥肠辘辘，于是向猎人要了几个鸡蛋吃。没想到国王吃完之后，猎人竟然告诉国王每个鸡蛋要付10英镑。

国王万分诧异："鸡蛋又不是什么稀罕货，怎么这么贵？莫非你的鸡蛋是用金子铸造的？"

猎人乐呵呵地答道："尊敬的国王陛下，鸡蛋确实十分普通，不值那么多钱，但是国王您来一趟着实不易。我想，您以后可能都不会误打误撞地到我这里来了。所以，我一定要把这个千载难逢的好机会牢牢地抓在手里啊！"

听了猎人的话，国王哈哈大笑起来："你还挺幽默！好吧，我照价付钱就是了。"

一个鸡蛋10英镑，这个价格简直是在打劫！即使面对一般人，恐怕也很少有人敢开出这样的价格，然而，故事中的猎人不但这样做了，而且是在国王的面前。更让人不可思议的是，国王竟然乐于接受这样的"敲诈"，照价付款了。实际上，国王并非不知道价格中含有的水分，他愿意付款只是因为他被猎人的幽默征服了。

在现实生活中，我们常常会遇到与之类似的情况，在对方的幽默攻势下我们很容易不知不觉地接受对方的某些要求，心情愉快地成为幽默手段的"牺牲品"。

一般而言，运用幽默手段，能够让沟通变得更加生动和形象，给双方带来更加美好的交往体验。但是，如果一味地为了幽默而幽默，或是仅仅注重幽默给我们带来的感官上的快乐，就显得过于肤浅了。

如果一个人在你面前妙语连珠地展现自己幽默的一面，那他多半是想赢得你的关注、博得你的好感。倘若你只是简简单单地一笑而过，对他想表达的意思没有丝毫理会，那么他的情绪自然会变得低落和消沉，对双方的沟通没有丝毫益处。正确的做法是，你不仅要笑，更要给予对方积极的回应，让他觉得自己的良苦用心已经得到了回报。

只有透过"逗"的表象，听清对方内心深处的声音，才能更好地了解对

方，更好地进行沟通。

⚠本节要点

　　每个人都希望自己快乐，所以人类对幽默有着天生的喜好。人际沟通中运用幽默的目的主要是希望更好地交流感情，倘若听者只知一味地傻笑，明显是本末倒置，于沟通无益。

第三章

好话似蜜糖，说进心坎让人笑

沟通过程中仅仅懂得倾听是远远不够的，说话能力的高低也是决定沟通成败的重要因素之一。能够把话说到对方的心坎里，让对方愿意听、喜欢听你说的话，不仅是一种高超的能力，更是一种锦上添花的技艺。只有那些真正的沟通高手才懂得如何运用这种能力，让沟通对象愿意与之交往。

真挚的赞美，对方更受用

在人际交往中，赞美可谓是一种十分有力的撒手锏。适时而真挚地赞美对方，对方会更加受用，从而拉近双方的距离，令沟通变得简单、顺畅起来。

想要给予对方恰如其分的赞美，最重要的是要更多地了解对方的信息，抓住对方的喜好和特长，这样才能有的放矢地进行赞美，令沟通的氛围变得更加融洽。可以说，赞美是一种几乎没有成本投入却能得到极高回报的沟通方式。在人际交往中，如果能够将这一方法运用好，一定能够取得意想不到的效果。

赞美不是盲目的，需要掌握一定的原则和技巧。最重要的一点就是真诚，只有源自内心、真情实意的赞美才能触动对方，达到预想的效果。另外，适当的赞美时机也十分重要，只有找准时机，恰到好处地赞美对方，才会让对方产生惬意的感觉。

对于赞美，查斯特·菲尔德爵士曾经做出十分精妙的论述："赞美的话并不一定都能起到良好的效果，也可能因为场合或时机不对而产生不良的效果。与其那样，倒不如

> 每个人都渴望得到真挚的赞美，一旦这种欲望得到了满足，人们理所当然地会对赞美自己的人产生好感。在互相欣赏的氛围中，沟通就会变得自然而简单。

什么都不说的好。"

事实就是如此，尽管赞美于沟通而言十分有效，可是真想做到最好却十分困难。一个对沟通对象一无所知、完全不了解对方喜好的人想给沟通对象以恰到好处的赞美，可谓"难于上青天"。如果非要在毫不知情的情况下进行赞美，那么多半会出现"驴唇不对马嘴"的情况，遭遇冷场还只是小事，还可能会引起对方的不解甚至愤怒。

那些成就颇高的人往往更善于利用赞美的手段来拉拢人心、赢得支持，以达到自己的目的。美国钢铁大王查尔斯·施瓦布曾经说："批评是最能扼杀人的自信的手段，所以，我从来不去批评别人，而是始终给予赞扬，我不喜欢对人吹毛求疵。凡是我喜欢的东西，我就真心地给予赞扬，而且从不吝惜。"

在现实生活中，我们不止一次地看到非常相似的例子：某个人因为一句赞赏的话而受到鼓舞，由此不断努力，最终获得令人刮目相看的成绩，成为人生赢家。

在东方卫视《笑傲江湖》第二季的节目中，有一位名叫逯爱岩的参赛选手，因自己创作的"纸片人"而名声大噪，受到了评委和观众们的喜爱。原来他在数年前就不经意间成了"网红"，身为《笑傲江湖》节目评委的宋丹丹还为他留言表示赞扬。逯爱岩因此受到鼓励，在艺术的道路上越走越远，终于结合自己的绘画功底，创作出了令人捧腹大笑的艺术作品。提及这一往事的时候，宋丹丹并未立即反应过来，而是在逯爱岩的提醒下才回忆起自己所写的留言。可能是因为时间相隔太久，也可能因为赞扬过的人太多，宋丹丹一时间没有想起自己赞扬过的逯爱岩，但是她鼓励的话语却成了逯爱岩一直努力下去的动力，为他的成功做出了不可磨灭的贡献。

赞美的力量就是如此神奇，有时不经意间很简单的一个赞美就会给人带来

巨大的精神力量，也会令对方对你产生更加美好的印象。有了良好的基础，双方的沟通自然水到渠成，轻轻松松就能达成目标了。

本节要点

每个人都渴望赞美，但人们更渴望得到真挚的赞美。赞美一旦与真诚脱离，良好的沟通就不过是一种奢望，虚假的赞美甚至会破坏双方的关系。

引用对方的话，表现对他的重视

西班牙有这样一句格言："最真挚的赞扬，莫过于效仿。"意思是说，对一个人最大的赞扬，就是引用他曾经说过的话。

在沟通过程中，对方会时刻关注着你的状态。假如你迷迷糊糊、精神散漫，对方必然对你失去沟通的兴趣。因为沟通的目的就是传达信息，你的这种表现已经说明你对他所说的话丝毫不感兴趣，就没有继续沟通下去的必要了。假如你十分认真地听对方说话，他会感觉受到了尊重，因此会对你更加重视，更愿意和你进行深层次的沟通。如果你能在沟通中引用对方的话，那更能说明你确实在认真听对方讲话，无疑会强化对方对你的好感。

在自己的讲话中引用对方的话，并非只是简简单单的重复，而是借对方的观点更好地表达自己的意思。引用不仅能够表现对对方的尊重，也能让对方更积极地倾听我们的讲话。

美国宾夕法尼亚大学的心理学家罗帕多埃里克曾经做过一个实验。罗帕多埃里克邀请了几十名女大学生参与实验，让她们与事先安排好的工作人员进行一对一的交谈。交谈的过程中，有一半的工作人员会重复女大学生所说的重点内容，另一半的工作人员则对这些重点内容充耳不闻。实验结

果表明：那些重复了女大学生话的工作人员更容易让人产生好感，女大学生十分乐于与他们交谈；那些充耳不闻的工作人员则令女大学生产生十分冷淡的感觉，因此不愿浪费时间，草草地就结束了交谈。在后续实验中，当工作人员无意间向女大学生求助时，她们回应的积极性与交谈效果通常具有一致性。

从这个实验中不难看出，当你与对方沟通时，如果能够积极地重复或引用对方所说的话，会令对方产生被重视、被欣赏的满足感，因此，对方会更加热情地与你进行沟通，并对你所说的话产生兴趣。有了这样的氛围基础，无论你说什么，对方都会十分配合地倾听，向对方提出要求也更容易得到肯定的答复。

当然，引用并非时刻都能进行，需要选择好的内容和时机。在内容方面，要引用积极的、对方受到赞扬的话语，而不要"哪壶不开提哪壶"。在时机方面，在讲话的前半部分要多听少说，在讲话的后半部分可以在倾听的同时适当多说一些。这是因为，在对方讲话的初始阶段，他的话题并不明确，此时就开始引用难免显得不太真诚，待到讲话的后半部分，主题已经十分明确，这时再引用更能体现认真倾听的态度，也更容易获得对方的好感。

在自己的讲话中如果能够时不时地提及对方讲话中的一些内容或观点，就是在告诉对方"我刚刚认真听你说了"，出于对等的考虑，对方必然也会认真地听你讲话。这样一来，不仅为自己的讲话增加了内容，延长了讲话时间，突出了自己优秀的口才，也大大提升了沟通效果，令对方更主动、更积极地接受你的某些观点。

❶ 本节要点

引用对方讲话中的某些语句确实能够达到吸引对方注意力的目的，但是如果引用不当，反而会适得其反、引火烧身。所以，在引用时一定要仔细甄别，尽量引用能让对方感到愉悦的内容。

对方想听什么，你就说什么

通常情况下，人们更愿意听到真话、实话，所以诚实的人往往更受欢迎。但是凡事不能一概而论，在某些情况下，实话实说非但不能让人满意，反而会令对方心生反感。

比如，你的朋友最近变胖了，如果你直接说："你该减肥了啊，最近又胖了！"朋友肯定不乐意听，即便嘴上不说，心里也会对你颇有微词。倘若你换种说法："嗬，你是越来越富态了啊，该少吃点就少吃点吧。"朋友心里一定更乐于接受，也会适当注意自己的体重。

所以说面对同样一件事情，运用不同的表达方式，就会呈现出完全不同的效果。

过年的时候，家家户户都会在门上贴"福"字，有的人家为了讨吉利，就会将"福"字倒过来贴。一个小孩看到了，大声喊道："叔叔，叔叔，您家的'福'倒了！"另一个小孩看到之后，则说："叔叔，叔叔，您家的'福'反了！"

同样一件事情可以用各种不同的方式进行描述。根据不同的环境和情况，灵活应变地选择对方喜欢的表达方式，会令沟通变得顺畅，也能让对方更加愿意和你交流。

虽然两个孩子的话都没说错，但是前一个孩子的说法无疑更受大家的欢迎。

从这个小场景中可以看出，我们在和别人说话的时候一定要根据实际情况灵活应变，应当说一些对方想听的话以及更愿意接受的话，这样才能得到对方更多的认同。

国画名家俞仲林擅长画牡丹，求画的人络绎不绝。有一个商人好不容易得到一幅真迹，视作珍宝地收藏了起来。一天，商人的好朋友前来拜访，他便将收藏的牡丹图拿出来让朋友欣赏。

朋友看过后大赞画作的手法精妙，但也说出了自己的顾虑："牡丹象征着富贵，可是你的这幅牡丹图画得并不完整，少了一个角，这代表富贵不全啊！"

听了朋友的话，商人赶紧仔细看了一下，确实如朋友所言，牡丹缺了一角。这让他十分吃惊也十分惶恐，于是带着画找到了俞仲林，把个中缘由说了一遍，希望俞仲林能为自己画一幅完整的牡丹图。

听完商人的话，俞仲林笑呵呵地说："这幅画的寓意并不是您的朋友所理解的那样。牡丹确实象征富贵，但是缺了一角并非代表富贵不全，而是寓意富贵无边。"

听了俞仲林的话，商人立刻喜上眉梢，带着缺了一角的牡丹图高高兴兴地回家了。

"一句话使人笑，一句话使人跳"，让人笑还是让人跳，关键在于话如何说。话说得好，对方自然会笑；话说得不好，对方当然会跳。

因此，我们在和他人进行交流的时候，应当在不违反道德、伦理的前提下，根据实际情况，适当地改变一下自己的说话方式，尽量拣对方想听的话去说，这样往往能够增加对方对你的好感。

⚠本节要点

对方想听什么，我们就说什么，这并不是虚伪或是伪装，而是一种机智灵活的描述方式。通过这种方式，能让对方心中感觉惬意，也能增强自己说话的感染力，可谓一举两得。

衷心的祝贺，可以增进感情

当一个人遇到喜庆的事情时，不仅希望越多的人知道越好，也希望得到更多人的祝福。如果你能抓住机会，向他表示衷心的祝贺，那么你们之间的关系就能更进一步。

在人际交往中，祝贺是一种十分常见的交谈方式。在社会生活中，有人发生有喜庆意义的事情时，如升迁、结婚、生子等，家人朋友通常会前去表示祝贺。通过祝贺这种形式向对方表达恭贺、祝福、关心等，以抒发情怀，加深感情。

从语言表达的形式上来说，表祝贺的词主要分为祝词和贺词两种。祝词是对尚未成为现实的活动、尚未取得成就的事业等表达美好的祝愿和祝福，如开业典礼、奠基仪式、生日宴会上的致辞等；贺词则是对已经结束的活动、已经获得成就的事业等表示庆贺，如毕业典礼、年终总结上的致辞等。无论是祝词还是贺词，表达的都是美好的意愿，只要是发自内心的，都会让接受祝贺的人感到高兴。

通常情况下，祝贺有特定的场景和对象，所以在表示祝贺的时候一定要考虑当时的环境、对象及目的等，这样才能让祝贺具有更强的针对性，才能让接受祝贺的人更深刻地感受到你的诚意。

有些祝贺词可以事先做一些准备，但是也不能简单地照本宣科，毕竟现场难免出现突发状况，我们必须具备随机应变的能力。除了饱含真情、紧扣主题，更要根据祝贺对象的情况组织精妙的语言，增加祝贺词的美感和吸引力。

　　在一场婚礼中，新郎是畜牧场的工作人员，新娘是纺织厂的工人。于是，婚礼司仪以这样一段话开始自己的主持："能够为现代的牛郎和织女主持婚礼，我感觉十分荣幸。和牛郎织女比起来，我们的新郎和新娘是幸福的，至少他们每天都能幸福地生活在一起……"

　　在新郎和新娘交换戒指的环节，新郎为新娘戴上了钻戒，新娘则为新郎戴上了金戒指。这时，司仪说道："尽管钻石的质地坚硬，却不如新郎和新娘的感情那样坚定；虽然黄金的价值昂贵，却无法与新郎和新娘那金子一般的心相提并论。"

　　新郎和新娘听到司仪这样的话，心中的喜悦简直难以言表，他们对司仪的评价很高，并在自己的朋友结婚时，将这位司仪推荐给了自己的朋友。

　　可以想象，每一对请这位司仪主持婚礼的新人都会非常开心和满意，因为他在表达祝福的时候不仅真诚，而且懂得根据不同的对象说不同的话，针对性很强。

　　祝贺这种沟通方式虽然只能在特定的情况下运用，但是如果可以好好利用每个难得的机会，有时能比日常的沟通起到更好的效果。因为在比较欢快的氛围中，人们往往更容易敞开心扉，沟通起来也更容易一些。

● 本节要点

　　在不同的场合，面对不同的对象，祝贺的语言和方式也应该有所不同。如果对任何人的祝贺都千篇一律，那样的祝贺不过是敷衍而已，很难赢得人心。

积极请教，让对方享受"为人师"的快乐

每个人的心里都有"为人师"的渴望，如果你能在交际的过程中多多请教对方，那么就能很容易拉近彼此的距离，让双方的沟通变得顺畅起来。

在交谈的时候，试着以请教的态度与对方交流，通常能够满足对方的自尊心，也更容易赢得对方的信任。运用"我很想知道""请教您一下""我还有点不明白，您再给我讲讲"之类的话语，往往能够激起对方的谈话欲望，尤其是在对方比较擅长的问题上，促进效果更加显著。

在向领导反映问题时，如果以请教的方式表达观点："听了您的话，我受益匪浅，不知道我能否这样理解……"无论领导认不认同你的观点，他都会给出一些指示。这些指示就是你说话的基准线，只要没有偏离太多，相信领导会欣然地与你进行交流。即便领导暂时不愿接受你的建议，也不至于招来他的反感，不会将继续沟通的路堵死。

贝尔是一名二手车商人。一天，乔治到他的车行里看车，打算买辆车代步。贝尔陪着乔治转了很久，车行里的

沟通的过程中，将对方视作老师，积极地向他请教，让他享受到老师才能享受的成就感，无疑能够满足对方的欲望，赢得对方的心。

车基本被乔治看了一遍，乔治试驾了比较满意的几辆，并对其中一辆充满了兴趣。然而，乔治并没有立即买下这辆车，而是希望有更好的选择出现。

几天之后，麦基开着自己的车来到贝尔的车行，他打算把车卖掉，换一辆新车。于是，贝尔给乔治打了个电话："您好！上次您到我这里看车的时候，我就知道您是一个行家里手，对汽车很有研究。我这里有一辆二手车，能不能麻烦您过来帮我看一看，试试它的性能如何，如果方便的话，再帮我估计一个合理的价格。"

乔治满面笑容地来到了贝尔的车行，一番寒暄之后便坐上了麦基的汽车，开出去兜了一圈就回来了。

"假如有人出五千美元买这辆车，那就很划算了。"乔治对贝尔说。

"那么，如果让您花五千美元买这辆车，您愿意吗？"贝尔问道。

"我当然愿意了。"乔治十分高兴地说。

就这样，这笔生意顺利成交了。

在买车的过程中，贝尔就运用了请教的技巧。他将乔治视作行家，令乔治心生满足，然后又让乔治自己给出价格，成功地促成了这笔交易。实际上，贝尔只付给麦基三千美元就买下了这辆车。

请教技巧不仅容易掌握、运用简单，实际效果也非常好。当你将对方视作老师的时候，满足了对方好为人师的欲望，他的心情一定是非常舒畅的。"老师"必然会心甘情愿地对自己的"学生"倾囊相授，你有什么困难，"老师"都会想方设法地帮你解决的。

❶ 本节要点

在与人交往的过程中，总会遇到一些难以沟通或说服的人，如果你能真诚地向对方请教一些他感兴趣的事情，说不定可以产生意想不到的良好效果。

捧得好，就能沟通好

有些人认为，捧着别人说话是一种虚伪的表现，有拍马屁之嫌，这种做法显得浮夸，并不能赢得人们的欢心。

在评价是否应该捧着人说话之前，我们应该先明确一点，那就是"捧"和"吹"是两个概念，并不能直接画上等号。"捧"是顺着对方的话，将对方捧到一个相对较高的位置；"吹"则是故意夸大，所说的话与实际情况相距甚远。

吹捧虽然常常作为一个词语出现，但是"吹"和"捧"的意思并不完全一样。"捧"着对方说话，会让他感觉惬意；把对方"吹"上天，则会让他觉得你虚伪。

孟伟是一个热衷于古玩收藏的人，但是由于刚涉足不久，所以对这方面的知识了解得并不是十分深刻。

一天，孟伟到古玩市场转悠。来到一个摊位时，他看到一串红色的手串，非常喜欢，于是和老板聊了起来。

"老板，我看看这个手串。"孟伟说。

"嘿，您可真识货，这个手串是我刚跟人家换的，还没焐热乎呢！"老板边说边拿出手串给孟伟。

"南红玛瑙，瞅着还不错。"孟伟随口说道。

"呦，行家啊！知道是玛瑙的人挺多，能说出南红的可是没几个。"老板赞叹地说。

"嗨，我就是瞎说。这是保山料吧？"孟伟心里乐开了花。

"没错，是保山料。您能看出这是保山料，这说明您根本不是瞎说。"老板继续捧着孟伟说。

"这雕工也不错，蝙蝠雕得挺逼真。"孟伟又说。

"连'雕工'这么专业的词您都知道，确实是行家！您再瞅瞅，这上面还有东西呢！"老板指了指手串说。

"这不是个铜钱吗？蝙蝠的'蝠'和福气的'福'同音，这个寓意是'福在眼前'，对吧？"孟伟开始有些飘飘然了。

"太对啦！连寓意您都知道，敢情您对传统文化还有研究啊！"老板露出吃惊的表情。

"咱先别说其他的了，这个手串您是花多少钱换来的，直接匀（卖）给我得了。"孟伟表达了购买的意愿。

"我这本来是自己留着玩的。人家跟我要四万，我给了他一万五的现金还有一幅画换回来的。"老板有些勉强地说。

"这么着吧，我给您一万八，您给我包起来，怎么样？"孟伟开出了自己的价格。

"光现金我就给了一万五，还有一幅画呢，您给的也太少了。"老板有些不乐意。

"行了，就算我占点便宜，就这么定了，以后我还得来呢。包起来，包起来吧！"孟伟迫不及待地说。

"行吧，谁让咱们有缘呢，而且您又这么识货。"老板边说边给孟伟打包，一笔生意就这样谈成了。

孟伟乐呵呵地走了，实际上这串手串的价格不过万元而已。但价格是孟伟

自己定的，钱也是心甘情愿掏的。究其原因，是老板一直捧着孟伟说话，让孟伟觉得自己是个"专家"。

在交际场合中，捧着对方说话是一种极好的沟通方式。我们可以像这位老板一样，顺着对方的话，把对方往上捧，只要对方愿意受捧，那么沟通就会变得轻松很多。需要注意的是，捧的力度要掌握好。力度不足，便达不到捧的效果；力度过大，则会由"捧"变成"吹"，让对方觉得你不可信任。

❶本节要点

当你自然而然地捧着对方说话时，对方无疑会发自内心地感到高兴，对你的好感当然也会油然而生。这个时候，对方会更容易接受你所提出的要求，甚至会主动给你更多的利益。

"你是唯一"的巨大魔力

与人交流的时候，如果听到对方说出"我只相信你"或"这件事我只跟你说"之类的话，你的心中是不是非常欣喜呢？之所以会有这种感觉，是因为在对方眼里你是非常特别的一个人，这种与众不同的对待方式会让人生出无与伦比的优越感。

奥地利精神分析学家弗洛伊德曾经说过："无论是谁，都觉得自己才是最重要的。"即便是那些嘴上说着"讨厌自己"的人，在内心深处依然会觉得自己才是最重要的那一个。那些自称"我是一个平凡人"的人只是在表现自己的谦逊，实际上也认为自己是一个很特别的人。

在现实生活中，很多人都有这样的经历：你和同事或朋友一起到饭馆去吃饭，刚进门看到老板，老板便亲热地叫着你的名字和你打招呼，你肯定立刻感觉自己的形象高大了许多，觉得自己在人群中显得那么与众不同。这种优越感的产生源自老板对待你和对待同事或朋友的态度不一样，让你觉得"你是唯一"。在吃饭的过程中，如果老板亲自送来一盆汤，并告诉众人因为你是一个特别的客人，

> 每个人都希望自己是与众不同的存在，都渴望成为别人心中的"唯一"。在交流的过程中，将"你是唯一"的概念灌输进对方的头脑中，对方就会认真地聆听你所说的话。

总是来光顾，所以赠送一盆汤，你心中的优越感一定会爆棚，对老板的好感也会瞬间增加许多。以后再请同事或朋友吃饭，你必然会再来这家饭馆。在这里，你享受到了"唯一"的快乐，老板则用"唯一"的感受挣到了你的钱。这就是"你是唯一"的巨大魔力，让你乐呵呵地消费，还要感谢老板的优待。

在人际交往中，我们也可以运用这种方式来增强讲话的吸引力，说话的时候，以"这事我只跟你说"或是"只有你最值得信任"之类的话开头，通常能够牢牢地抓住对方的心。无论是谁，听到类似这样的话总会觉得高兴，因为受到了认可并得到了特殊对待，他不仅会更加认真地听我们讲话，还会以更加友善的方式予以回应。

在交谈的过程中，只要能够抓住"你是唯一"这一点，那么对方就会认真地倾听我们说话，而且更容易被打动。无论是谁，对干"你是唯一"这种独特的感受都缺乏足够的抵抗力，只要能够合理地运用这种极具说服力的语言，就能更轻易地说服对方，并得到对方的青睐。

🛈 本节要点

讲话时，刻意强调"你是唯一"这一点会让对方对你产生更多的好感，更有利于进一步的交流。虽然只是简单的一句话，却能产生出乎意料的良好效果。

说点煽情的话，分分钟就能打动人心

在社交场合中，成功的沟通并不是非要通过长篇大论的说服或唇枪舌剑的争辩来达成的，只要把话说到点上，也许简简单单的几个字就能让对方变成关系紧密的朋友或伙伴。只要能赢得对方的心，获得对方心理上的认同，沟通就会事半功倍。

众多的沟通高手都认同一个观点——口才确实是沟通中的利器，但是只有看准对方的软肋，用感情打动他的心，口才这柄利器才有发挥的空间。

1860年美国总统大选期间，林肯和竞争对手道格拉斯展开了激烈的争夺。

道格拉斯有自己的专车、庞大的乐队及一众为他服务的人，所到之处可谓锣鼓喧天、声势浩大，时时刻刻在标榜其贵族的身份及富足的生活。

与道格拉斯相比，林肯显得十分寒酸，他没有足够的资金，无法雇人帮助自己，只能一个人到处演说，争取让更多的人认识自己、支持自己。谈及自己的情况时，他是

> 人是有感情的动物，人心会因为感情变得柔软，通过感情去影响、引导沟通的对象，他们会主动拆掉心中的围墙，让你的话走进他们的心房。

这样说的:"我的妻子十分贤惠,值得我钟爱一生;我的三个孩子非常聪明。他们都是我的无价之宝。另外,我租用了一间办公室,里面放着一张桌子、三把椅子,墙角里放着一个书柜,书柜里的每一本书都值得大家细细读一读。我大致的情况就是如此。说实话,我真没有什么可以依靠的,唯一能够依靠的,只有你们。"

在当时的社会环境中,林肯的发言赢得了大多数人的支持。他以真挚的感情讲述真实的自己,语言看似平凡,却蕴含着极大的能量,很多美国民众产生了共鸣,并因此被林肯的讲话打动,为他投上了宝贵的一票。最终,林肯战胜了资金雄厚、光芒四射的道格拉斯,成为美国历史上最伟大的总统之一。

林肯竞选成功的大半功劳应该归于他的真情实感。在我们身边,因感情而引发的感动不胜枚举,且不说家人之间的捐助器官,单说陌生人之间的互相帮助和扶持就常令很多人难以自持,流下感动的泪水。对于大多数人来说,感情都是一道很难迈过去的坎,沟通过程中如果利用好这个"坎",就能顺利地击中对方的心灵,在沟通中占据主动。

⬇ 本节要点

以情动人、以情感人,是沟通中十分重要和有效的手段之一。在沟通的过程中,带着真情实感地说一些动情的话,一定能够达到出人意料的效果。

第四章

沟通看心理，抓住要点更有效

有些人认为，沟通是一门高深的艺术，想掌握其精髓是十分困难的。这种看法十分中肯，沟通的诀窍确实很难掌握。但是，只要能够了解和把握对方的心理，探知对方内心深处的所求所需，就能从根本上解决问题。一旦对方的心理防线瓦解，内心世界完全暴露在外，说服对方就是轻而易举的事情了。

多为对方着想，就是为自己赢得机会

通常，人们面对与自己观点不同的人都会有一定的防范心理，唯恐对方用各种手段说服自己。当对方的心门牢牢关闭时，想要说服对方无疑是非常困难的。此时，最好的办法就是先让对方放松警惕，消除戒备心理。

在诸多的方法之中，"为对方着想，站在对方的角度上说话"无疑是十分有效的手段之一。当你站在对方的立场上说话时，他会觉得你是在为他考虑，这样对方的防范意识就会减弱，沟通就会向着有利的方向发展。

> 很多人认为，只有坚定地站在自己的立场上，才能说服对方，让对方接受自己的观点，这实际是一个很大的误区。当你站在对方的角度上去思考问题，往往能得到更多的理解和支持。

在成名之前，卡耐基曾经租用一家旅馆的大礼堂用于授课。一天，他突然收到了旅馆经理的一封信，要求他为大礼堂多付几倍的租金。卡耐基读完信之后想他的课程都已经安排好并通知了学员们，如果临时改变授课场地或取消原定的课程，就会很难向自己的学生交代。仔细斟酌之后，卡耐基决定找经理进行当面交涉。

卡耐基见到经理之后，立刻开门见山地说："您好，经理。实话实说，看完您的信之后我非常吃惊。但是我也能理解您的要求，毕竟作为旅馆经理，您有责任帮助旅馆赚取更多的利益。假如我是您，我也会这样做的。可是，不知道您有没有仔细计算过，您这样做是不是真能为旅馆带来更多的利益？"

"如果您将大礼堂租给别人，用于开舞会、举办生日宴会等，每一场的租金确实比我给您的高，但是您能保证每天都有人租吗？假如举办聚会的时候有人将礼堂里的设施弄坏了，那您就更得不偿失了。从另一个角度来说，如果您涨了租金，凭我的财力肯定是难以承受的，那么我只好从这里搬走，找一个更便宜的地方去授课。这样一来，我的这些学生也就不会光顾您这里了。我的学生大部分都是受过教育的管理人员，他们到这里来听课，了解了您这个地方，以后会带更多的人来这里消费，等于是为您做了免费的广告，帮您省下了一大笔的广告费用。所以，从长远来说，您能够得到的收益远比租金多得多。我想说的就是这些，希望您能认真考虑一下。"

卡耐基说完就向经理告辞了，回到自己的住所。很快，旅馆经理又寄来了一封信，告诉卡耐基仍然按照原来的价格收取租金。

在这个案例中，卡耐基从旅馆经理的角度出发为他算了一笔账，使经理增加了对卡耐基的信任。假如卡耐基一味地说自己没钱或是租金太贵之类的话，那只会引起经理的反感，并不会对卡耐基的目的产生任何帮助。

所以，站在对方的立场上说话，多为对方着想，能够有效消除对方的防备心理，令对方更容易也更愿意接受你的观点。

🔹 **本节要点**

多为对方着想，让对方感受到你是在为他的切身利益考虑，对方就会放松警惕，此时你才有机会赢得对方的信任和理解，在这个前提下，才有可能说服对方接受你的要求。

利用权威的力量，给予对方足够震慑

心理学上有一种叫作"权威效应"的理论，指的是人们通常喜欢附和那些比自己更加优秀的人或某些权威人士。特别是在面对不是非常熟悉或不其了解的事物时，由于自己难以判断并得出结论，人们更容易受到权威效应的影响。

有位心理学家曾经做过这样一个实验：将同一个音乐作品先后播放给两组被试听者。在试听音乐之前，心理学家对第一组被试者说这个音乐作品的作者知名度不高，音乐水平很一般；对第二组被试者说这个音乐作品颇受著名音乐人的喜爱，作者也受到音乐名家的赞誉。两组被试者分别听完音乐之后，让他们对音乐作品做出评价。结果显示，第二组被试者对这个音乐作品的评价明显优于第一组被试者。

很明显，第二组被试者受到了著名音乐人和音乐名家的影响，很自然地产生了附和他们的想法，他们的评价并非他们心理世界的真实反映。

既然权威效应有如此大的威力，那么在与人交流时不

> 权威人士的话通常更容易令人信服，毕竟，他们是各行各业的翘楚，他们的话本身就蕴含着强大的力量。合理利用这种力量，你所说的话就会更有分量，更容易令人信服。

妨运用一下，这样对方会更加重视你说的话，对你的态度也会变得亲切。

在生活中，我们经常会看到各种各样的广告，通常情况下，这些广告的代言人都是各行各业的翘楚，他们说的话更为人们认可，因此代言的产品更容易赢得市场。这就是利用了权威效应。

在实际工作中也有很多运用权威效应的机会。比如，当你想劝说同事接受你的意见时，可以在陈述完自己的观点之后顺带说一句："这个策划已经让经理看过了，他说还不错。"此时，同事的心理就会产生波动——经理都已经认可的方案一定有其过人之处，有了这样的想法，同事很容易就会接受你的意见，你的想法就能顺利付诸实施了。

在我们试图说服别人的时候，可以适当利用权威；当然也要注意避免盲目相信权威。就拿那些做广告的代言人来说，实际上，他们中的很多人对自己代言的产品并不十分了解，有些只是为了赚取广告费而配合商家做一些宣传而已。一旦过于信任广告中的某些宣传，最后的结果往往会让自己失望。

权威效应有时的确会让人做出错误的判断和选择，类似的经历相信很多人都曾有过。正因如此，一些人对于权威有一定的提防甚至"免疫力"，要想好好运用这种方法，必须选择那些绝对的权威才行。

🄰 本节要点

充分利用权威效应，可以在沟通中得到出人意料的良好效果。但是"尽信权威不如没有权威"，运用权威也要有所选择，不能随心所欲，更不能张冠李戴。

给别人面子，自己才能得到"里子"

有些时候，有些人即便明明知道自己做错了事情，出于面子，却死扛着不愿承认。虽然很多人都知道"死要面子活受罪"这句话，但依然有人宁愿为了面子而受罪。这种现象并非个例，也不是少数，而是一个普遍性的社会问题，原因其实很简单——爱面子是人的天性，这一点永远都不会改变。

相信很多人都有这样的记忆：周末放假时老师留了作业，但是因为贪玩忘记了做作业。到了星期一，同学们一个个都交上了作业，轮到自己时，虽然作业本就在书包里，却要撒谎说作业已经写完了，只是作业本落在家里了。之所以这样说，是为了保住自己的面子，表明自己是一个按时完成作业的好孩子，是因为一些不可抗的原因导致自己的作业无法上交。反正老师不会为了一个作业本牺牲同学们宝贵的听讲时间，所以谎言通常不会被戳穿。

这是一个与爱面子有关的场景，很多人肯定都曾在这个场景中扮演过不光彩的角色，举这个例子并非为了批判，而是想要说明人们从小就有爱面子的心理，爱面子无

> 很多人犯下错误的时候总会极力寻找理由为自己开脱，目的是保全自己的面子，不让别人指责太多。如果我们能给他们留出面子，他们一定会回报我们更多。

可厚非。

当我们遇到那些不愿承认错误的人时千万不要过于苛责，他们无非是想保住面子，尽力赢得一些尊重而已。如果我们能够理解对方，给予对方足够的面子，他们就会对我们心生感激，当我们遭遇困境的时候，对方会毫不犹豫地伸出援手。

有些人会明知故犯，口头教育对他们来说没有任何意义。想让他们不再犯错只有两种方法：一是惩治，让他们不敢犯错；二是感化，让他们从心底里不想犯错。采用惩治的手段尽管见效快，可是用不了多久就会死灰复燃，无法从根本上解决问题。只有用感化的方式让他们真心认识到自己的错误，才能达到一劳永逸的效果。

吉布森是一家工厂的老板。一天中午，他到车间巡视，发现有几个工人正在车间里抽烟，更让人气愤的是他们身后就是"禁止吸烟"的牌子，他们竟然视若无睹。

在这种情况下，如果吉布森大发雷霆，极力训斥这几个工人，那也是十分正常的，可是这样一来这几个工人就会在工友面前失去颜面，即便他们表面上接受了责骂，心里也一定会有反抗的情绪。想到这里，吉布森走上前去，他拿出一包烟，然后给每个抽烟的工人递上一支烟说："如果你们可以去外面抽，那就再好不过了。"

几个工人看到老板走过来本以为会经历一场"狂风暴雨"，没想到得到却是一支烟以及轻声细语的劝诫。这不仅让他们保住了面子，也从心底里感受到了老板的良苦用心。他们觉得受到了老板的尊重和重视，自然希望自己能够做出一些令老板满意的事情。从这之后，再也没有人在车间里抽烟了。

在这个案例中，吉布森可谓不走寻常路，用一种出人意料的方式赢得了工

人们的理解和支持。他给工人留了面子，工人也用自己的行动来表达对他的支持和拥戴。

一个人犯下错误的时候最先想到的往往是为自己开脱，即便有些理由十分牵强。这时，我们如果能够试着去理解他们，不纠结于一个错误的得失，给他们留出足够的面子，相信他们的心中也会起更多的注意，主动避免犯下更多的错误。

❶本节要点

面对同样一件事，留面子的说法和不留面子的说法有很大的差异，对人造成的影响也有很大不同。凡事有来才有往，你给对方面子，对方才会给你"里子"。

适当示弱，令对方产生占据主动的假象

在沟通过程中，想要说服对方接受自己的观点往往是十分困难的。也许你觉得自己的观点完全正确，而对方同样会有相同的看法。

这种情况下，双方必然寸土必争，互不相让。即便你最终赢得了胜利，对方和你的关系也会变得疏远起来。因为在互相争论的过程中，对方已经对你产生了不好的印象，甚至不想和你继续交往下去。真正的胜利是你赢得了胜利后对方与你还能谈笑风生，甚至对你心生佩服，这才是获胜的最高境界。

有些人或许想不明白，我的观点明明是正确的，也运用了说服技巧，而且口才也不错，但是怎么就没法让对方信服呢？没有人愿意接受一败涂地的结果，所以想大获全胜是不太可能的。如果你执意想让对方全盘接受你的观点，那么对方肯定会表示反对。在沟通陷入僵局的时候不妨主动示弱，让对方产生占据主动的感觉，这个时候对方的心理防备会放松，此时再去沟通就相对容易一些。在双方相互的让步和妥协中，最终能够形成双赢的局面。

在适当的场合和时机采取示弱的方式与对方沟通，会令对方心中生出优越感。这种情况下，对方会更乐于听你说话，也更容易答应你提出的某些要求。

　　玛丽是一家公司的谈判代表,她和公司的几名同事一起千里迢迢地奔赴有合作意向的企业进行谈判,期待尽快签署相关合同,进一步增强公司的实力。

　　到了当地,玛丽一行人受到了热情的款待。对于玛丽一行人来说,长途奔波的辛劳是小事,如何能够让公司利益最大化才是他们更为关注的问题。毕竟,一旦协议达成、合同签订,双方能够得到的利益将根据合同进行划分,就没有丝毫可以改变的余地了。因此,双方到了谈判桌上后立刻变得寸土必争、互不相让。

　　谈判进行了整整一天,在几个问题上仍然没有达成一致。僵持不下的情况下双方决定暂时休息一下,一起出去吃个晚餐,放松一下紧张的精神。

　　进餐过程中,玛丽回想了一下谈判过程,她觉得如果做出一些小的让步,反而可能赢得更多的利益。于是,她和同事商量了一下,决定在晚餐结束之后向对方"示弱"。

　　进餐结束,双方开始闲聊。玛丽突然对对方的主管说:"咱们的谈判都进行一天了,也没什么大的进展,照这样下去,不知道还要耗费多少时间。我们千里迢迢而来,带着很大的诚意,肯定不能空手而归,否则没法跟董事长交代。我们刚刚商量了一下,就按照你们的要求把合同签了吧。"

　　对方主管没想到玛丽会主动让步,心中不免大吃一惊。看到玛丽诚恳的样子他也受到了触动,于是说:"谢谢你的坦诚,我觉得还是选择一个比较折中的方案吧,不然你回去也不好交差。"

　　就这样,双方顺利达成协议,签订了合同。玛丽虽然做出了一些让步,但相对而言对方牺牲的更多一些。可以说,玛丽和同事赢得了这次谈判的胜利。

　　往往都想获得最大的利益,想要说服对方牺牲自己的利益,首先要让他得到一些利益才行。当对方认为自己占据了主动时，心理就会得到满足，此时他的心理防线往往很容易攻破，你就能更轻松地说服他。

🄴 **本节要点**

适当示弱并不是软弱和无限度地退让，而是沟通中的一种策略。小小的让步不仅令对方心生惬意，更能让自己获取更大的利益，何乐而不为呢？

一直说"是"，怎么会有拒绝的机会

大多数情况下，人们往往更喜欢用争辩来说服别人，让别人接受自己的观点。但是，这种争辩通常非但不能呈现人们想要的结果，反而会令双方言语不和，甚至恼羞成怒。

实际上，有时即便争得面红耳赤也很难达到说服对方的目的。想要说服对方，最好的方法是让对方多说"是"，让他连拒绝的机会都没有。而且，当对方连续说了几个"是"之后，在惯性思维的影响下也会不自觉地改变一些自己的想法。

> 害怕对方拒绝？没有必要，只要想方设法地让对方多说"是"，所有的问题都会迎刃而解。其中的道理再简单不过：一个只能说"是"的人是没有机会拒绝别人的。

一家企业原本计划购置一辆载重四吨的卡车，并向销售商表达了采购意愿。后来，因为预算原因高层打算改变之前的计划，转而购置一辆载重两吨的卡车。之前的销售商得知企业的这一想法后立刻派出最有经验的销售员，希望重新将这单生意拿下。

这名销售员和企业高层进行了一番对话之后，成功说服对方，最终做成了这笔生意，他是这样说的：

销售员："一般情况下，您运输的货物有多重？"

高层："大概是两吨吧，需要视情况而定。"

销售员："这么说，您要买哪种卡车需要根据载货量和路况决定，是吗？"

高层："是的。"

销售员："如果路况不好，而且天气寒冷的话，卡车的负担就会加重，是吧？"

高层："是的。"

销售员："我了解到，贵公司的产品在冬季时销售情况更好，是吗？"

高层："是的。我们的生意在夏天并不是太好。"

销售员："这样的话，贵公司卡车是不是偶尔超载呢？"

高层："是的，我们也是不得已而为之啊！"

销售员："这么说来，贵公司的卡车要偶尔超载，在冬季的使用频率较高，而且冬季的路况也不是太好。是吧？"

高层："是的。这些都是让我们头疼的问题。"

销售员："在这种情况下，贵公司是不是会考虑如何延长卡车的使用寿命呢？"

高层："是的，那是当然。"

销售员："我这里准备好了两种卡车的数据对比，包括损耗、使用寿命等，您可以通过这些数据看到两种卡车的性价比如何。不知道您有没有兴趣？"

高层："当然，拿来我看一下。"

企业高层认真看了一下数据对比，然后自己又重新核算了一遍。

销售员："您觉得怎么样？我们的卡车是不是性价比更高呢？"

高层："是的。我们可以签合同了，我决定买你们销售的卡车。"

在这个案例中，销售员巧妙地挽回了一笔即将泡汤的生意。他所用的谈话

技巧就是让企业高层不停地说"是",销售员看似给了企业高层选择的余地,实际上高层只有"是"可以回答。在不断的肯定回答中,企业高层自然而然地对销售员产生了好感,认为销售员所说的话都是对自己有利的,说明他十分了解自己的需求,这笔生意就很顺利地达成了。

不仅在销售场合,在各种情况下都可以合理地使用这种手段。只要你可以让对方不断地说"是",那么在你提出相对不容易得到肯定回答的问题时,对方也会在惯性思维的引导下更加倾向于给出肯定的回答,对增加说服力无疑具有十分积极的意义。

⚠本节要点

想让对方说"是"并不是一件简简单单的事。在讲话的过程中要不断进行思考,用自己的智慧和表达方式,将对方紧紧控制在自己设定的谈话逻辑中才行。

认可对方，他才会接受你的观点

从一般意义上而言，想让对方接受自己的观点，只能努力说服对方，迫使他改变固有的思想。这种思维完全没有问题，关键在于说服的过程中应该怎样去做，才能更好地让对方接受。如果你一味地否定对方、肯定自己，那么最后的结果只有一个，那就是双方僵持不下，最终落得两败俱伤。

试想一下，如果有个人想将他的想法灌输进你的大脑，并且不由分说地将你的想法全盘否定，你愿意接受吗？我想任何一个人都会给出否定的答案。这是因为每个人都希望得到肯定，它是对自己的一种鼓励；而全盘的否定无疑说明自己的人生除了失败别无内容。即便想法真的不可行，也很少有人能够坦然接受，更不要说让他接受仅凭一张嘴说出来的失败了。相反，如果有人对你表示认同，觉得你的想法正确无比，那你肯定会对他心生好感、愿意和他交流，甚至会觉得他说的每一句话都是真知灼见，大有相见恨晚之感。这就是人的本性，只有先认同对方，对方才愿意听你说话、与你沟通，你才有机会表达自

在沟通和说服的过程中，只有在某一点上达成一致才能实现共赢。而要想达成某种一致，首先要对对方表示认可，让对方看到你的诚意。

己的观点，继续说服对方。

赵磊刚刚参加完高考，准备填报志愿。赵磊的父母只有赵磊这一棵独苗，而且是老来得子，所以对赵磊的照顾可谓无微不至，基本没给赵磊独立的空间。赵磊早就想摆脱父母的束缚，过上自由自在的生活，所以想要报考一所距离远些的大学。而父母希望赵磊的学校越近越好，这样不仅便于平时前去看望，家里万一有什么事情他也能及时赶回来。为此，赵磊和父母展开了激烈的辩论，谁也不愿退让一步。无奈之下，赵磊的父母给赵磊的堂哥打了电话，让他帮忙劝说赵磊。

了解完情况之后，堂哥立刻给赵磊打了个电话。

"赵磊啊，终于熬过高考了，成绩怎么样？高考志愿填了没？"

"哥，成绩应该还可以，志愿还没填呢，和爸爸妈妈有些意见不合。我想像你一样报考一所离家远点的学校，这样就能享受这些年都没有享受到的自由了。"

"你这小子，跟我当初的想法一样。那时候我也觉得自由是最好的东西，能够摆脱爸妈的管束真是太幸福了。"

"是啊！一想到能自由自在地和同学们玩耍，我就有种特别兴奋的感觉！"

"自由是很好，可是我现在觉得有点后悔了。毕业之后就在这里找了份工作，常年在外的，也没法和父母见面，想回趟家都很难。现在有了孩子，更懂得了父母对孩子的那份关心和牵挂，可是我却没有办法在父母膝前尽孝。唉，现在想想，我那时候真是太自私。"

"哥啊，你这话什么意思？"赵磊心中有些疑惑。

"没什么，只是有感而发而已。你毕竟是家中的独子，你父母的年龄也都大了，如果有可能的话，最好还是多陪陪他们。我是过来人，希望你不要重蹈我的覆辙，到时候肯定会后悔的。所以，填报志愿的时候一定要慎重。"

听了堂哥的话之后，赵磊受到很大触动。他最终决定放弃想要的自由，填报了一所离家比较近的大学。

赵磊的父母彻底否定了赵磊的想法，让赵磊有些反感，所以始终坚持自己的想法。而赵磊的堂哥则先是认同赵磊的想法，告诉他有这种想法很正常，让赵磊产生了堂哥是"自己人"的想法，接着，堂哥通过自己的亲身经历告诉赵磊自己所要承受的痛苦，终于令赵磊的思想发生了转变。

无论你想说服谁，都不能以否定对方的态度开始交谈。只有先认可对方，认同对方的某些想法或做法，才能叩开对方的心扉，令对方更加平和地倾听和思考你所说的话。这样一来，对方就更容易被你的话打动，说服也更容易成功。

⚠ **本节要点**

认可能够发挥的力量，否定绝对发挥不了。当你试图说服对方时，先认可他，让他觉得你和他站在同一条战线上，往往更能取得成功。

爱，具有无坚不摧的力量

生活在社会中，我们时时刻刻需要面对沟通的难题：和家人的沟通、和同事的沟通、和陌生人的沟通，等等。世界越变越小，生活节奏越来越快，沟通的方式越来越多，沟通的难度却越来越大。

随着科学技术的发展，人们接收新知识、新信息的渠道越来越多，新知识、新信息的更新换代速度也越来越快。在这样一个充斥着各种信息和知识的社会中，人们的观点和价值取向也呈现多元化的发展趋势。想要通过说教说服别人，已经变得异常困难了。但是，"爱"的力量，任何时候都不会受到削减。

对家人的关爱、对领导的敬爱、对弱者的怜爱……各种爱交织在一起，才构成了这个多姿多彩的世界。人因爱而生，也注定要因爱而联结，有了爱，人们就能更好地理解彼此、照顾彼此、成全彼此。

马涛和彭芳是一对非常幸福的夫妻，两个人从小青梅竹马，经过十年的恋爱长跑后终于走进婚姻的殿堂。

无论世界如何变化，爱都是人生中恒久不变的话题。没有爱，所有的一切都将变得灰暗；拥有爱，就拥有了最为广阔的生存空间。爱不能代表一切，却蕴含着战胜一切的神奇力量。

新婚的二人比恋爱时更加甜蜜，成为令人羡慕不已的模范夫妻。然而，在孕育了自己的爱情结晶之后，两个人的关系却有了变冷的迹象。

马涛从小就接受严厉的家教，所以对自己的孩子也严格要求；彭芳则心疼自己的孩子，不希望孩子遭受过于严苛的管教。在教育孩子的问题上两个人产生了不小的分歧，因此产生了不少的矛盾。从小吵小闹到摔锅摔碗，两个人的关系越来越差，到最后，两个人打起"冷战"，婚姻关系也由此亮起了红灯。

一天，孩子突然发起了高烧，这可急坏了马涛和彭芳，两个人手忙脚乱地将孩子送到医院，检查、输液，一直忙活到后半夜才回到家里。

看着憔悴的妻子，回想起一路走来的种种艰辛，马涛的心中充满了愧疚。"老婆，你辛苦了，我去给你做点饭吧！"

"得了吧你，还是我去吧，这么多年你做过几次饭啊？"说着，彭芳走进了厨房，开始忙活起来。时间不长，一大碗热乎乎的面条放在了餐桌上。两个人对坐在餐桌旁，相视无语。

"老婆做的面条就是好吃。"马涛首先开口，"其实，我还是很爱你的。这么多年在一起，我真不知道如果你不在身边的话我该怎么生活。"

彭芳没有说话，但是眼眶中已经噙满了泪水。

"我也很爱我们的孩子，对他严厉一点，是希望为他树立一个标尺，希望他能成为一个更优秀的人。"马涛接着说，"怪我没有向你解释清楚，希望你能原谅我。以后，我会根据实际情况去教育孩子，这一点你可以放心。"

听到这里，彭芳已经泣不成声，她扑进马涛的怀里，放声大哭起来。

彭芳之所以被马涛的话深深打动，正是因为她同样深爱着马涛和自己的孩子。尽管之前有过一些矛盾和误会，但是在爱的面前任何东西都无法成为障碍。

如果有爱在心中，那么你的一举一动、一言一行都会散发爱的魅力。在与

人沟通的时候试着用爱去打动对方，一定会起到非常积极的效果。

❶ 本节要点

    无论是谁，都有自己的所爱。有些人不会把爱表现在外，而是深藏在内心深处的某个角落，但只要轻轻触碰一下，爱就会像美丽的鲜花一样，在彼此心中绽放。

在恰当的时机说话，你会更受欢迎

在说话的时候，无论你所说的内容多精彩，如果时机掌握不好，那么肯定无法达到预期的目的。因为在不同的时刻，对方的心理会有所不同，只有在恰当的时机将话说进对方的心里，才会让对方更愿意听你说话，沟通目的才能顺利达成。

在参加棒球比赛的时候，即便你技术精湛、身体强壮，可是如果无法把握击球的时机，即便只是早一秒钟或晚一秒钟，也无法击到来球。相同的道理，把握住说话的时机也是十分重要的，只有抓住转瞬即逝的机会，才能说出最打动人心的话。

赵乐强家里的电冰箱已经用了十多年，不但制冷效果不好，也非常耗电。他一直想买台新的，但妻子周敏一直不同意。

一天中午，周敏对赵乐强说："亲爱的，帮我拿一支冰棍吧，天气实在太热了。"

赵乐强打开冰箱，说："冰棍都化了。"

在与人沟通的时候，想让对方更愿意听你说话或更容易接受你的观点，应该选择恰当的时机。同样一句话，在不同的时机去说，一定会产生完全不同的效果。

"这个破冰箱！"周敏生气地说。

"咱们还是买一个新的吧！"赵乐强又提起了换冰箱的事。

"好吧，买一个！"周敏欣然同意了。

两个人来到商场，赵乐强看中了一台三千多元的冰箱，周敏却觉得价格太贵了。

"这么贵，还是算了吧！"周敏打起了退堂鼓。

"过段时间就到端午节了，单位发的东西放哪儿呢？"赵乐强问。

两个人正说着，售货员走了过来，对两个人说："这个冰箱虽然要三千多元，但是耗电量低，容积也大，长期算下来还是比较划算的。"

"咱家那个冰箱太费电了，一年电费就得不少钱，有时候东西还放不住，我觉得买一个也比较划算。"赵乐强小声对周敏说。

"那好吧，咱们就买它。"周敏终于同意了。

在这个案例中，赵乐强抓住了两个恰当的时机：一个是冰棍化了的时候成功劝说周敏同意更换冰箱，另一个是趁着售货员推销的时候悄悄说服周敏同意购买冰箱。周敏对冰箱感到不满，是一个劝说她的良好契机，正因为赵乐强抓住了这个机会，才让周敏改变了一直以来的拒绝态度，也为之后的说服铺平了道路。

与人交谈的时候，一定要根据不同的时机选择谈话的内容。能在恰当的时机说出恰当的话，才会受人欢迎、才能顺利达成沟通的目的。时机不当的话会被人厌烦，注定无法在交际场合赢得人心。

⚠本节要点

谈话的过程中有很多说话的机会，但是恰当的说话时机往往不多，而且把握恰当的时机也并非易事。只有在恰当的时机说出恰当的话，才能成为交际场合的红人。

放低姿态，沟通会更顺一些

在沟通的过程中，有一个原则我们应该时刻牢记：与对方交谈的时候，千万不能以居高临下的姿态示人。如果你始终保持高姿态，不仅会严重伤害对方的自尊，也会让对方觉得你的姿态太高，从而产生不敢或无法与你沟通的错觉。

那些善于沟通的人绝对不会允许这类事情的发生。他们十分明白，想要顺利地沟通，就要永远和对方保持对等的高度，让对方在心理上感觉舒适和自在。尤其是在沟通双方的身份、地位相差悬殊时，如果身份、地位较高的一方能够主动放低姿态，那么就能收到意想不到的沟通效果。

> 善于沟通的人总喜欢在沟通的过程中保持低调，这种低调的风格总能恰到好处地展现他们内心的坦荡无私及与世无争，这种高尚的境界往往很能打动人心。

美国前总统里根尽管贵为美国总统，但是为了赢得民心，在与儿童进行情感沟通时他也会放下自己的身段，做儿童的助手。

有一个名叫比利的男孩因患病而住进医院。在他病入膏肓之际，家人们想尽办法满足他的一切愿望。但是，当

082 >>

他说出心中最大的愿望时，家人们顿时感到手足无措。原来，比利最大的愿望竟然是想做一次总统！对家人们来说，这个愿望已经远远超出了他们的能力范围，虽然他们很想帮比利实现愿望，却是无能为力。

就在大家束手无策之际，里根总统知道了这件事情。于是，他亲自邀请比利到白宫实现自己的梦想。当比利拖着虚弱的身体来到总统的椭圆形办公室时，他的脸上泛起了满足的微笑。

里根总统并不是做做样子，仅仅让比利坐一坐，新鲜一下而已，而是真的让他做总统，自己则做起了比利的助手，"帮助"比利处理所有的公务。里根总统的这种做法让比利感觉好像是真的做了总统一样，他的心中感觉更加满足和快乐了。

这种像游戏一样的工作，里根总统整整做了一天，直到比利返回医院才算告一段落。

这件事经过报道之后，里根总统立刻变成了民众心目中最亲民、最有人情味的总统。大家都觉得里根就是他们最需要的总统，里根的支持率得到了很大的提升。

很多时候，人们觉得放低姿态会拉低自己的身价，令别人轻视自己，导致自己在沟通中处于不利地位。实际上，我们越是将自己摆在高高在上的位置，越容易将沟通对象推向相反的方向。里根总统的案例很好地证明了放低姿态的好处，不需要更多的解释，相信所有人应该都有了自己的判断。

放低姿态是一种大智慧，是一种正确认识自己的行为。有一个事实是，在我们身边从来不缺少高高在上的人，当他们在我们身边的时候我们会觉得厌烦，当他们消失不见的时候我们反而觉得轻松许多。

另一个事实是，我们总觉得身边缺少低调的人，对他们的态度恰恰和对待那些高高在上的人的态度截然相反。假如我们平时都能适当地放低一点姿态，不把自己看得过于重要，而是以更加宽容的心态对待别人，我们就能更加轻松地与人沟通，我们的生活也会变得更加惬意。

⊘本节要点

如果我们的心中总是充满傲气，自然会让人觉得难以沟通，但是如果能时刻注意放低姿态，我们就会发现，那些本来看起来并不太容易接近的人也会很快和我们打成一片，甚至会由衷地佩服我们。

结束沟通，需要一个绝佳时机

无论你与对方沟通的时间有多长，当你觉得无话可说或是不想继续沟通下去的时候，都应该以积极的态度及时地结束沟通。

如果错过了最佳的结束时机，在寻找和等待下一个结束时机的过程中，沟通双方难免会产生压力，甚至会感到烦闷、焦躁，这种不良的情绪会随等待时间的增长而不断堆积，当你无法承受这种压力和情绪的时候只能选择马上结束沟通。倘若以生硬而直接的方式结束沟通，会让对方觉得你不愿意和他交谈，这会对双方的关系产生极大的影响。

很多人认为开始沟通很难，结束沟通更难。对方说话的时候不能打断，自己又想表达观点或是反驳对方，所以结束的时机很难把握。这样的问题很多人都会遇到，这是因为很多人对沟通的最终目的没有清晰的认识。进行沟通的目的并不是为了说服对方、让对方接受自己的观点，而是要传递信息，实现双方的共赢。有了这个认识基础，只要双方都表达了自己的观点，那沟通的过程基本就算完成

> 所有的沟通都有结束的时候，也必须得结束。既然结束是沟通的必然结果，那么每一次沟通都应该在最合适的时间、最恰当的时机结束。

了，在这个时候结束谈话就是一个最好的时机。此时双方仍然处于热烈而融洽的谈话氛围中，情绪比较高涨，对彼此的印象相对较好，不仅会让人更加期待下一次的沟通，也能给彼此留下思考和想象的空间，让双方都觉得受益匪浅。

在谈话的过程中总会出现转换话题的情况，这时难免会有一些自然的停顿，利用这个机会自然而然地结束谈话也是一个十分聪明的办法。当你觉得应该结束交谈时应该采取主动出击的方式，向对方表达想要离开的意思。假如你们正在讨论的是当前的热点话题，想离开的时候你可以这样说："听起来你对整件事情的来龙去脉都很清楚啊，看来我得回去好好查阅一下资料补补课了。"为了加强效果，让对方更加明白你的意思，可以加一些表示想要起身的动作，例如往前坐一点或身子向前探等。

在你发出这些信号之后，可以很自然地安排下一次的会面时间，需要注意的是，会面的时间一定要明确，如果只是粗略地说"我们改天再聊"或"什么时候咱们找个时间一起吃个饭"之类的话，难免会让人产生敷衍的感觉。假如你很明确地说："下个星期天咱们一起吃个饭吧！"就是一种十分明确的邀请，说明你还想和对方有下一次的沟通，对方会从心底里感到高兴并怀有期待。

而且，道别的时候千万不要花费太长的时间，在尊重对方的基础上，简单的握手或拥抱就可以表达依依不舍之情，如果没完没了地说话、表达难舍之意，就会失去道别的意义，也会令对方觉得反感甚至手足无措。

试想一下，如果对方表达了道别的意愿，你也已经起身准备离开，可对方仍在不停地诉说离别之情，你该作何反应？是坐下继续听他说还是站着等他说完？无论哪种做法，显然都不合适。

在恰当的时间并以正确的方式结束谈话确实不容易做到。但是只要多加观察，留心总结，一定可以掌握其中的技巧和诀窍，为下一次的沟通做好铺垫。要知道，一次沟通的结束并不是永远的结束，而是下一次沟通的起点，一个好

的结束也就是一个好的开始。

❶本节要点

我们在沟通中难免遇到这样的情况：谈话内容无法引起我们的兴趣或不想继续与对方沟通。此时最好赶紧结束谈话，因为这种谈话对双方来说都是一种折磨。

第五章

言语巧妙,说服易如反掌

与人沟通时,需要根据不同的场合、环境及沟通对象,选择最恰当、精妙的语言。想要拥有这种语言表达能力,并非轻松简单的事情,也非一朝一夕就能做到,而是需要经过艰苦的努力,在长期实践和总结中不断摸索才能得到。虽然过程不易,但一旦掌握了这种表达能力,说服可以说是易如反掌的。

有话留三分，保持神秘才能吸引人心

想说服别人，不能一股脑地把所有的话都说出来，而是要适当地保留一些，让对方看不清你的底牌到底是什么，这样能够引起对方更多的兴趣，增加说服成功的可能性。

在交际场合中，那些具有神秘色彩的人往往更受人们的欢迎。尽管他们身上有很多未知的因素，会让人产生不安的感觉，但猎奇的心理依然会推动人们不断地靠近他们，希望从他们身上得到一些别人不知道的秘密。

人们对于未知的事物总是充满好奇，而且越是不让人知道人们越想知道。做事情的时候是这样，说话的时候同样如此。在试图说服他人的时候，如果你把所有的底牌都亮给对方看，那就没有了神秘感，说服难免以失败而告终；如果你能适当地保留一些底牌，那么对方很可能被你神秘的底牌吸引，以此作为资本，引导对方按照你的思路走，说服成功的可能性就会大一些。

很多人都知道评书这种艺术形式，但是真正听过和了解的人并不是很多。评书表演中有一个十分有趣的名词，叫作"留扣"。在说书时，说书先生往往会在讲到精彩内容或有新人物登场的时候，突然以"欲知后事如何，且听下回分解"作结，以吸引听众继续来听下一次的评书表演。为听众留下的这个悬念，就是评书中的"扣"。

优秀的评书表演艺术家通常都很善于"留扣"，"扣"留得越精彩、越有悬念，就越能吸引听众，表演者也越受听众欢迎。当然，因为被"扣"吸引，有些人也曾付出过"惨痛"的代价。

孔浩是一个痴迷于评书艺术的人，哪天要是不听上几段评书，心里就觉得空落落的，好像少了点什么似的。

一次，孔浩到北京出差，白天忙于工作，晚上总要到茶馆听上一段评书，以解心头之痒。连着听了几天，孔浩被说书先生的技艺深深折服，再加上他从没听过这部评书，所以更是牵肠挂肚。临走前的那个晚上，孔浩又准时到茶馆听评书。

说书先生拍了一下醒木，开始说书："上回书说到……"

随着说书先生的精彩讲述，孔浩时而跟着主人公高兴，时而随着主人公失落，完全沉浸在评书的世界里。不知不觉间，一段评书已经到了将要结束的时候。

"……这天，几位英雄正在楼上饮酒，忽听得一阵'噔噔噔'的上楼声，几位英雄急忙屏住呼吸，定睛观瞧……若问来者是谁，且听下回分解！"

说书先生一拍醒木，这段评书算是告一段落。

回到酒店后，孔浩的脑子里依然都是评书的情节。"这几位英雄已经是最厉害的人物了，还有谁能让他们紧张呢？难道还有更厉害的人物没有出场？几位英雄会不会和来人展开一场大战？"这些问题在孔浩的脑海中飘来荡去，让他难以入眠。纠结了一夜之后，孔浩决定推迟自己的行程，非得搞清楚"来的这个人"是谁才行。

好不容易熬到晚上，孔浩早早来到茶馆，选了个第一排的位置坐下，热切地等待着评书先生出现。千呼万唤之中，评书先生终于来了。他一拍醒木："上回书说到，几位英雄正在楼上饮酒，忽听得一阵'噔噔噔'的上楼声，几

位英雄急忙屏住呼吸，定睛观瞧，原来是店小二上菜！"

听完这段话，孔浩差点从椅子上摔下去。虽然稍微有点上当的感觉，却又对说书先生佩服得五体投地。

说服别人的时候，我们也可以像说书先生那样巧妙地留下一个"扣"，由此让对方产生强烈的探知答案的欲望，促使对方改变之前的一些想法或计划，最终实现说服对方的目的。

⚠ 本节要点

在生活中，总能见到一些说话有所保留的人。他们这样做并不是因为不诚实或是故弄玄虚，而是因为他们懂得说服的技巧，知道怎样说能够抓住人心。

越关键的理由越有说服力

想说服别人接受自己的观点，关键是要找出足够可信的理由，可以说理由是说服对方的关键，也是根本。而越是关键的理由，说服力往往越强。

在与人交谈之前，人们往往会想出很多说服对方的理由，一个不行还可以用下一个，这种以防万一的心态固然是好，但是如果可以找出最能说服对方的那个理由，那么说服工作将会变得容易很多。

任何一个合理的理由都可以用来说服别人，但说服的效果并不一定都能令人满意。只有那些关键的理由才具有强大的说服力，越是关键的理由，说服力越强。

拿破仑·希尔曾经受邀到俄亥俄州立监狱进行演讲，他一站到台上，就发现自己的一位朋友Z先生也在服刑人员的队伍中。Z先生以前是一位十分成功的商人，两人已经认识了十多年。

演讲结束后，拿破仑单独和Z先生见了面，从谈话中，拿破仑得知Z先生是因为伪造文件而获刑。听完Z先生的讲述之后，拿破仑说："两个月之内，我要帮你离开这里。"

Z先生一脸苦笑："谢谢你的好意！但是已经有很多权威人士帮我想过办法，想帮我离开这里了，可最终都没有

成功。我觉得你有点过于自信了。"

拿破仑相信自己能够做到。经过细致地调查之后，拿破仑信心满满地走进了俄亥俄州州长的家。

"州长先生，我来拜访您的目的，是希望您能签署命令，将Z先生从俄亥俄州立监狱释放出来。我有充足的理由，这些理由足以使他获得自由。我坚信这一点，所以我愿意在这里一直等下去，直到他被释放为止。

"在服刑的这段时间里，Z先生在俄亥俄州立监狱推出了一套课程。监狱里2518名犯人中的1728人，因为参加了这个课程而受到Z先生的影响。这件事想必您也知道。另外，他设法请求获得了教科书和课程资料，使得犯人们能够跟上课程的进度。更加难能可贵的是，他做这样的事情并没有花费州政府的一分钱。我相信，一个可以让1700多名犯人刻苦学习的人并不是什么十恶不赦的人，他一直以来确实也很遵守监狱的规定。

"我请求您释放Z先生，是希望您能让他担任一所监狱学校的校长，这样的话，美国所有监狱中的16万名犯人都将得到学习的机会，他们会更加向善。当然，我也知道，如果您释放了他，可能会令您在连任竞选中失去很多选票。假如他能出狱，我愿意承担担保责任。"

州长先生露出坚毅的目光，说："我愿意释放他，哪怕我会因此而失去5000张选票……"

在别人看来几乎不可能完成的任务，拿破仑只用了短短的几分钟就完成了。这个结果与他之前的细致调查及缜密分析是分不开的。拿破仑很清楚，让犯人服刑不过是一种惩戒手段，最终的目标是希望他们能够改邪归正，做对社会有用的人。而Z先生在监狱里讲授课程正好与这一目标契合，拿破仑正是抓住这一点成功地说服了州长。而之前那些为Z先生说情的人使用的劝说理由无外乎Z先生的社会地位很高、他的父母声名显赫之类，既然没有抓住最关键的理由，失败也就在所难免。

　　想要说服别人，理由确实关键，但也并非多多益善，有时往往只需一个最关键的理由就能轻松达成目标。只是，寻找关键理由的过程需要付出更多的努力和汗水，只有经过一层层的分析和筛选之后，最关键的理由才会浮出水面。

　　● 本节要点

　　在说服别人之前，我们需要进行细致的调查和分析，从各种理由中优中选优，找到最关键的那一个，用最关键的理由说服对方，往往可以起到事半功倍的效果。

批评别人时可以多说"假如我是你"

通常情况下，很少有人愿意接受别人的批评，尤其是在大庭广众之下。这是因为，甘愿接受批评就意味着承认自己犯了错误，而承认犯了错误，往往会引起更多的批评之声，这种不断叠加的批评往往令人难以承受。

那么，应该采取怎样的沟通方式，才能让人更加容易接受批评并积极改正自己的错误呢？在批评别人的时候，如果以"假如我是你"开头，对方会觉得你是站在他的角度上考虑问题，心中会觉得受到了尊重，就会更愿意接受你的批评，改正自己的缺点。

林睿是一名大学生，在暑假期间，她到一家西餐厅打工，赚取自己的生活费。

刚刚上班两天，林睿就犯了一个错误。因对餐厅的物品不熟悉，她错将一小包糖当作奶精给了一位客人。这位客人的身材有些胖，当他发现林睿递给自己的是一包糖时，生气地说："你这是什么意思？是不是觉得我还不够胖？"

林睿没想到客人会如此生气，一时间手足无措，没

当某个人犯错误的时候，很多人会以严厉批评的方式对待他，希望他可以加深印象，不再犯错。然而，事实证明，这种方法往往适得其反。怀着理解的态度去批评，效果通常会更好。

了主意。餐厅经理闻声赶来，先是向客人表示歉意，然后在林睿的耳边小声说道："假如我是你，我会马上道歉，然后给客人换一杯咖啡，并把奶精拿过来。"

林睿赶忙按照经理的指示做了，一再表示歉意。客人接受了道歉，林睿总算躲过一劫，可是她心中的石头并没有落下。犯下这样的错误，影响了餐厅的声誉，林睿觉得经理至少会训斥自己一番。然而，经理并没有这样做，而是悄悄地对她说："假如我是你，我会在下班之后认真熟悉一下餐厅的物品，以免以后再犯同样的错误。"

这句"假如我是你"让林睿深受感动。听着这句话，她感觉经理并没有以上司的身份要求她做什么事情，而是像朋友一样给她提出了一些中肯的建议。对于这种"平级"的待遇，林睿简直有点受宠若惊，在之后的工作中，林睿时时刻刻严格要求自己，工作也变得更加出色了。

经理对林睿的批评与我们印象中的批评有很大的不同。语气并不强硬，效果却比强硬的批评好上不知多少倍。只是加上"假如我是你"这几个字，就拉近了彼此的关系，让林睿觉得经理是和她站在一起的，所以她心甘情愿地接受了经理变相的批评，并在日后的工作中严格要求自己。

在说服别人的过程中，多说几次"假如我是你"，可以向对方传递这样的信息：我并不是责怪你，而是真心实意地希望可以帮助你。这种批评的方式更像是建议，所以对方更容易接受一些，说服的效果自然也更好一些。

● 本节要点

很多人没有意识到"假如我是你"的巨大魔力，更不相信区区五个字就能让对方心甘情愿地接受批评，改正缺点。假如你也不信，那么就去尝试一下，它能起到的效果可能超乎你的想象。

不逆耳的忠言，人们更爱听

很多人奉"忠言逆耳利于行"为座右铭，因此在说话的时候总是"忠言"不断，认为自己所说的话都是为对方考虑，却很少注意到"逆耳"有时会引起对方的反感，并不能起到沟通的效果。

在现实生活中确实有很多不喜欢听"忠言"的人，因为"忠言"太过逆耳，让人难以接受。

由于每个人的生活经历、脾气秉性、兴趣爱好等不尽相同，所以对待"忠言"的态度也难免会有所不同。因此，我们在和人沟通的时候，如果不加区分地进献"忠言"，就有可能会令某些人产生逆反心理，那样，劝诫的结果就会比你想象的糟糕得多。

谢鹏是一个十分率直的人，无论对家人还是朋友，只要他发现了对方的不足就会直接指出来。

那些和他认识的人通常是很难接受他的说话方式，但是他并不以为然，他觉得自己的做法是诚实和率真的表现，并没有什么可以指责的地方。虽然他因为自己的"忠

敢于直言是一种高贵的品质，善于直言则是一种优秀的能力。每个人都希望能够改正自己的缺点，变得更加优秀，如果"忠言"不那么"逆耳"，最后的结果会更好一些。

言"惹恼了不少人，甚至还失去了很多朋友，但是他依然我行我素。

一天，谢鹏带着弟弟到商场去买东西，在一个人头攒动的地方，他突然发现一个正在行窃的小偷，于是他走上前去抓住小偷大声喊叫。小偷被他抓住有些恼羞成怒，一下抓住谢鹏的弟弟，威胁众人不许上前。

谢鹏坚信邪不压正，一边大声指责小偷的行为，一边不断劝说小偷改邪归正，赶紧放开自己的弟弟，去派出所投案自首。听了谢鹏的话，小偷的情绪更加激动，他拿出随身携带的匕首抵在谢鹏弟弟的脖子上，让谢鹏赶紧离开，不要再啰唆。

谢鹏却不依不饶，不停地说："我说的话都是为了你好啊！偷东西不是多大的罪过，就算进监狱，要不了几年也就出来了。你还这么年轻，前途无量啊！如果你再继续错下去，那可就真的回不了头了。"

在谢鹏看来，自己说的这些话都是为了小偷好，是想挽救他。可是在小偷听起来，这些所谓的"忠言"实在"逆耳"，特别是"进监狱"之类的话，更加让他难以接受。

小偷的情绪越发激动，谢鹏却没有收敛的意思。正当众人为谢鹏的弟弟感到担忧的时候，警察及时赶到现场，制止了谢鹏。在谈判人员专业的斡旋之下，谢鹏的弟弟安全获救，小偷也被抓捕归案。

经过这件事情之后，谢鹏明白了一个道理：并不是所有的人都喜欢逆耳的"忠言"，也不是所有的"忠言"都能起到预想中的效果。

所以说，在指出别人的缺点或错误时，直白的表述虽然比较诚实，能够体现一个人的良好品性，但通常也会践踏对方的自尊心，严重地伤害对方的感情。

如果我们选择用不逆耳的方式来阐述"忠言"，既坚持了自己做人的原则，也更能赢得人心。虽然表达的方式看似有些绕弯子，但最后能够达到的

效果或许会更好一些。

❗本节要点

面对自己的缺点，没有几个人愿意直接承认，如果你非要以非常直白的方式劝对方改正，恐怕没人能真心愿意接受。以婉转的方式劝说对方，将"忠言"变得顺耳，并不是轻易就能拥有的能力。

抓住关键点，一举击中其要害

在沟通的过程中，说话的重点不在于说了什么或说了多少，而在于是否能够抓住讲话的重点，从最关键的地方打开缺口，说服对方。

寻找关键点的过程中要多加留意和观察对方，从他的言行中发现他的喜好或需求，对他比较感兴趣或需求、欲望较强的部分进行持续"攻击"，通常能够得到令人满意的结果。

一名推销员负责推广一种新上市的牛奶，这种牛奶含钙量很高，对老年人是一种不错的选择。于是，推销员将自己的主要目标锁定为小区内的老人并随机展开行动。

经过一段时间的观察之后，推销员发现李奶奶总是一个人出去买菜，上楼的时候很不方便。一天，李奶奶买菜回来了，推销员急忙赶上去，对李奶奶说："您慢着点儿，我来帮您拿吧！"

李奶奶十分感激地说："谢谢你啊！岁数大了，腿脚不好使。"

讲话的时候一定要抓住关键点，从关键点展开突破更容易获得成功。进而从点到面地突破对方的全部防线，在沟通中占据有利地位。

推销员趁势说："这话说得，您还不老呢！平时多补充点钙，腿脚自然就好使了。"

李奶奶深有同感："说的是啊！我也想补钙，可是喝牛奶、吃钙片也没什么用啊！"

推销员立刻回应："补钙关键在于吸收，我们公司新推出了一种牛奶，吸收率很高，您要不要试试？"

李奶奶面露期待之情地说："真的那么好？那我得喝喝试试。"

推销员抓住李奶奶缺钙这个关键点，成功推销出了牛奶。假设他没有注意到李奶奶的这一"要害"，而只是关注自己的牛奶，最后的结果又是怎样的呢？可以想象一下：

推销员："您好！我们新推出了一种牛奶，有很多优点，您有没有需要？"

李奶奶："不需要！"

推销员："我们的牛奶确实很好……"

李奶奶："那和我也没什么关系，我现在喝的牛奶就挺好。"

推销员："……"

很明显，这种推销方式完完全全地失败了。从中不难看出，推销员一旦选错了讲话的关键点，交谈就很难继续下去，更不要妄想说服对方购买自己推销的牛奶了。

在日常沟通中，我们也要学会抓住讲话的要点和精髓，这样才能有的放矢地说服对方，让对方接受我们的观点，否则只能起到事倍功半的效果。

🔈 **本节要点**

抓住谈话的关键点，找到对方软弱的需求"要害"，能够对沟通过程起到事半功倍的效果。倘若找错了关键点，往往错失良机。

多说"咱们"少说"我"，沟通效果会更好

《福布斯》杂志上曾经刊登过一篇探讨"如何搞好人际关系"的文章，其中说道："沟通中最重要的一个字是'你'，最不重要的一个字是'我'。"

在沟通的过程中，如果频繁地使用"我"字，会给人标榜自我、自私自利的不佳印象，这样一来，对方会在心中竖起一道围墙，阻止你进入他的内心世界。由此，整个沟通过程就会受到影响，别人对你的认识也难免出现偏差。

亨利·福特二世也曾说过："一个满嘴是'我'的人，一个独占'我'字、随时随地说'我'的人，一定是不受欢迎的人。"或许说"我"只是一种习惯，并不能真实反映你的内心世界，但是别人从中听出的含义与你表达的意思可能会截然相反，所以说话的方式很重要，有时候，仅仅一个字的差别，表达的效果就有天壤之别。假如你总说"我"，就会给人只注重自己的感受；假如你总说"咱们"，那会让人觉得你是一个十分关注别人的人。

一个只会说"我"的人注定难以成功地和别人进行沟通。只有将自己和别人看作一个整体，不忘别人对自己的帮助，才能真正做到荣辱与共。

东东和亮亮是非常好的玩伴，一天，两个人组队和另

外两个同学比赛。由于东东和亮亮常常在楼下一起踢球，相互之间非常熟悉，所以配合起来十分娴熟，总能十分轻松地攻破对方的球门。每次进球，东东都会对亮亮喊："怎么样，亮亮？我的射门技术厉害吧！"听到东东的话，亮亮心中有些不高兴，毕竟球是两个人配合打进的，如果自己不传球，东东怎么能进球呢？

随着比赛的进行，东东越踢越兴奋，只要在球门附近拿到球，马上就是一脚射门。连续踢了几脚"高射炮"之后，东东踢出的球不幸打碎了一户人家的玻璃。这下东东傻了眼，惊慌失措地对亮亮说道："完蛋了，咱们闯下大祸了！"

亮亮十分平静地说道："你说错了。不是'咱们闯下大祸了'，是'你闯下大祸了'。"

东东将进球的功劳归于自己身上，引起了亮亮的不满，当大祸临头时，亮亮自然地选择了逃避，让东东一个人承担后果。

那些爱将"我"挂在嘴边的人通常没有朋友，因为他们只关心自己而不顾及别人。对于这类人，人们往往避之唯恐不及，这样的人想和别人进行良好的沟通无异于痴人说梦。

❗本节要点

沟通有困难？说话不被人接受？想一想，你是不是常常将"我"当作主题，忽视了"咱们"这两个字的分量。如果你头脑中只有"我"的概念，就没有资格去埋怨别人自私自利。

硬话软说，比硬话硬说更有力

所谓的硬话，就是语气比较强硬、态度比较坚决，不给对方留丝毫情面的话。这种话往往比较伤人，让人难以接受，但我们在生活中一般都曾说过。

当面对自己不喜欢的人或是与人争吵时，我们往往会说硬话，希望用这种方式震慑对方，逼迫对方做出让步。但是如果将这种说话方式用在日常的人际沟通中，通常不仅无法达到沟通的目的，反而会让对方产生逆反心理，不利于沟通的进行。

有些情况下，我们可能不得不说一些硬话，但是说话方式是"软"还是"硬"，直接影响着对方的接受程度。如果非要硬话硬说，相信能够接受的人将是凤毛麟角；如果可以硬话软说，人们的心理接受程度相应就会高一些。

在生气的时候，每个人都很容易说出强硬的话，但是这对沟通并无丝毫益处。那些懂得硬话软说的人才真的拥有大智慧，才能在交际场上赢得更多的朋友。

里根不仅是美国的前任总统和著名的政治家，也是一名著名的演讲家。他对讲话和沟通有着十分深刻的认识，被一些人称为"伟大的沟通者"。

作为美国总统，里根代表着整个美国利益，为了表明

国家立场，里根曾说过不计其数的硬话。但有时他也能巧妙处理软与硬的关系。

在第一个总统任期行将结束之际，里根参加竞选，谋求连任。他的主要竞争对手是沃尔特·蒙代尔，两个人在竞选中进行了辩论。

辩论的过程中，蒙代尔在年龄上大做文章，说自己年富力强，很有魄力，有足够的精力去处理国家事务。而里根已经太老了，根本不适合再担任总统一职。

当时的里根已经73岁，虽然精神不错，但是和蒙代尔比起来确实老了许多。尽管蒙代尔所言非虚，但是里根听到后依然有种受到轻视的感觉。

如果里根被气愤冲昏头脑，用自己常说的硬话去反驳对方，那么他就配不上"伟大的沟通者"这个名号，也无法赢得那么多人的拥戴了。他强压怒火，语重心长地对听众们说："蒙代尔说我年龄太大，精力不足，这是事实。但是我想，我是不会在竞选中利用他年轻、阅历不足之类的问题来做文章的。"

里根说完后听众们立刻报以热烈的掌声。这场辩论之后，里根成功获得了连任，而蒙代尔因自己的硬话而暂时退出政治舞台。

在这个案例中，里根一改自己硬话硬说的习惯，用更加委婉的方式对蒙代尔进行了回击，这既体现了他的宽容，也体现了他的智慧，令听众对他产生了更多的好感和拥护。

在与人沟通的时候，硬话固然力度更大一些，但并不是什么时候用都合适。要知道，人都是有逆反心理的，你越是强硬地表达自己的观点，反而越容易引起对方的强烈反驳。假如沟通双方都以强硬的姿态出现，最终难免出现两败俱伤的结局。能将硬话软着说是一种极大的智慧，这样不仅能够表达说话者的观点，也给对方留了足够的面子，不仅有利于沟通的进行，也能让自己的人生更加精彩。

本节要点

在生活中，我们难免遇到一些说话强硬的人，他们说的话总让人感觉不快。如果你和这样的人斤斤计较，不仅显得自己没有肚量，也会令双方的沟通走进死胡同。

用数据说话，说服更加有分量

有句话叫作"事实胜于雄辩"，无论对方的口才多么了得、多么口若悬河，只要你将既定的事实摆在他的面前，那么他所说的一切都会变得苍白无力、不堪一击。

在社交活动中，摆事实的方法有很多种，包括引经据典、援引案例、陈列数据等，运用这种手法时一定要确保所用材料的准确性和普遍性，只有那些众所周知的材料才会被人们认可和接受。

在各种事实材料中，数据无疑是最有说服力的一种。经典或许不被某些人认可，案例可能具有特殊性，但对准确无误的数据通常不会有人提出质疑。而且，越是精确的数据，其说服力越强。

杨帆已经在城市苦苦打拼了十年，很想买一套属于自己的房子。在攒够了首付之后，他开始四处看房，想买一套性价比较高的住房。

看房的过程中，杨帆接触的第一个销售代表是小马。听完小马的介绍之后，杨帆询问了几个他比较关心

当你绞尽脑汁也无法在争辩中占据主动的时候，不妨试试在讲话中使用一些数据。因为精确的数据就是最有力的事实，而事实往往胜于雄辩。

的问题。

"这个小区有多少栋楼。总共多少套房啊？"杨帆显得兴致勃勃。

"应该是20多栋楼，1000多套房吧！"小马心不在焉地答道。

"小区的绿化率是多少？房子的容积率呢？"杨帆继续问道。

"绿化率是20%左右吧，容积率嘛，我也不是很清楚，这个得帮您查一下。"小马有些含糊。

"不知道就算了。那小区有多少车位？房屋使用率大概是多少？"杨帆有些不耐烦了。

"车位和使用率的问题呢，我也得查一下资料才能知道。实在对不起！"小马满脸歉意地说。

"好了，好了，先这样吧！我再看看。"杨帆很不高兴地离开这里，到另外一个售楼处看起了楼盘。这一次，一个姓张的销售代表接待了他。

听完小张的介绍之后，杨帆依旧询问了那几个问题。

"这个小区有多少栋楼，总共多少套房啊？"杨帆还没从低落的情绪中恢复过来。

"咱们这个小区一共有26栋楼，六层到顶，一共是1560套房！"小张神采奕奕地答道。

"哦，那小区的绿化率是多少？房子的容积率呢？"杨帆被小张的情绪影响，心情舒畅了一些。

"绿化率很高，能达到35%；容积率倒是很低，才0.8左右。"小张的脸上泛起了笑容。

"这么说环境不错啊，那小区有多少车位？房屋使用率大概是多少呢？"杨帆简直有些迫不及待了。

"咱们小区的地下停车场有650个车位，地上停车场有1200多个车位，平均下来每户肯定能分到一个车位。房屋的使用率在78%到80%之间，这个就要

看具体的户型了。而且每栋楼都有外挂电梯，不仅出入方便，还节省了使用面积。"小张细心地为杨帆解答。

听了小张的回答，杨帆的心为之一动。接着他又咨询了很多问题，在得到满意的回答之后，他决定在这个小区买一套房，并当即交了订金。

面对小马和小张，杨帆提出的问题是相同的，最后的结果却有着天壤之别。其中的原因很简单，那就是小张对每个问题都能给予十分明确的回答，当一个个数字摆在杨帆面前时，他不知不觉间就对小张产生了极大的信任感。

在与人交谈时，适当地引用一些数据，能够令你的讲话变得更加严谨和可靠，也增加了说服对方的可能性。毕竟，每一个精准的数据都需要付出很多人力和物力才能得到，这种辛勤付出的结果能给人的心灵带来极大的震撼。

❗本节要点

运用数据说服别人的时候一定要注意数据的准确性，如果你给出的数据有误，那么不但无法说服对方，反而会给对方留下把柄，错误的数据反而会成为对方攻击你的武器。

在对方关心的话题上做文章

通常情况下，人一旦说起自己关心的话题往往会放松警惕，坦露心声。这是因为，对于自己比较熟悉的话题人们往往有比较多的话可说，心理上会相对放松一些。在比较宽松的环境中人们会自然地打开话匣子，恨不得将自己知道的所有与话题有关的内容都说出来。在这种情况下，双方的沟通自然变得顺畅起来。

在沟通的过程中，一旦遇到某些阻碍，可以试着在对方关心的话题上做文章，一旦对方进入谈话模式他就会知无不言、言无不尽，由此作为切入口，相信可以令对方对你产生更多的好感，并对你说的话产生更多的关注。

很多人会在沟通中犯下相同的错误，那就是选择谈论自己熟悉或是感兴趣的话题，殊不知，你的滔滔不绝恰恰映衬出对方的尴尬无言，这样的沟通必然不会取得很好的效果。

爱德华·博克是《布鲁克林杂志》的创始人兼主编，他在十三岁时开始的一项活动助他成为一名成功人士。

在十三岁那年，爱德华·博克开始给各界社会名流写信，他的初衷只是想向那些名流求证一下他们传记中所写的内容是否与真实情况相符而已。他的第一封信写给了詹姆斯将军，而且很快就得到了将军的回信。这让爱德

华·博克大受鼓舞，于是不断地给自己看过的名人传记的主人公写信，请求他们解答自己的疑惑。无一例外，那些名人不仅都给他回了信，还在长期的交往中与他成了好朋友。

这些人中最著名的一位当属后来当了总统的卢瑟福·海斯，为了支持爱德华·博克的事业，卢瑟福特意在其刚刚创办的《布鲁克林杂志》上发表了署名文章，使该杂志的知名度得到了极大提升，销量也随之飙升。在卢瑟福的帮助下，《布鲁克林杂志》在面世之初就赢得了广泛的关注，爱德华·博克也获得了别人难以企及的成功。

在这个世界上，很多人想方设法地希望得到成功人士的关注，却无法达到自己的目标；爱德华·博克只是给社会名流写了封信，就得到了人们梦寐以求的成功。其中的原因何在？因为爱德华·博克的信中的内容与社会名流切身相关，是他们比较感兴趣的话题。

然而，在现实生活中却有很多人容易犯只关注自己的错误。在沟通过程中，很多人会滔滔不绝地谈论自己感兴趣的话题，却忽视了对方的感受，令对方心生不悦，根本无心听你说的话，从而失去了与对方进行深入沟通的机会。想让对方认真听自己说话，首先要让对方开启谈话模式，当对方能够对我们侃侃而谈时，说明他的沟通热情被点燃了。这个时候，无论我们说什么，对方都会带着愉悦的心情交谈。沟通中，多谈论一些对方关心的话题，更容易让对方敞开心扉，一旦对方愿意让你走进他的内心世界，你就能更加容易说服对方。

🔊本节要点

不要以为谈论自己感兴趣的话题更能体现自己的口才和表达能力，要知道，如果对方不愿听你说，那么所有一切都是徒劳无功的。只有选择对方关心的话题，才能达到更好的沟通效果。

第六章

沟通有禁忌，切勿踏进危险的"雷区"

在与人沟通的过程中有很多需要注意的禁忌，这些禁忌就像危险的地雷一样，时刻对我们的沟通产生着威胁。与人沟通时，我们要时刻提醒自己规避这些危险的"雷区"。如果放松警惕，不小心触及了对方的某些禁忌，那么就会像踩中地雷一样，一旦"地雷"爆炸，不仅会伤害对方，也会伤害自己，而受伤最重的那个人无疑是我们自己。

揭别人的"伤疤"，别人会戳你的脊梁

所谓"金无足赤，人无完人"，每个人都有缺陷和不足，也有很强的自尊心。这些缺陷和不足，就像人心理上的伤疤一样，没人有愿意被人揭开。一旦有人不知深浅地随意触动，那么迎接他的就是更加猛烈的反击以及更大的麻烦。

然而，在与人交往中，很多人都没有注意到这一点，以致在不知不觉中伤害了别人，也令自己的形象受到了极大的破坏。

玲玲是一个身材较胖的姑娘，个子不高，可是体重有将近一百八十斤。她特别不喜欢胖胖的自己，可是试了很多减肥方法都不见效，她为此感到十分苦恼，但是又无可奈何。

春节假期结束之后，玲玲回到公司上班。可是她刚刚走进办公室，同事小张就笑着对她说："看来假期吃得不错啊，才几天的工夫就又圆了一圈。"说完便哈哈大笑起来。

生理的缺陷、悲伤的过往等人们不愿谈及的话题，就像人际交往中的高压线一样，千万不要随意触碰。所谓"己所不欲，勿施于人"，如果你故意揭开别人的"伤疤"，等待你的只会是难以想象的严重后果。

小张只当这是一个玩笑，没想到玲玲十分不满，她大声反驳道："我吃什么跟你有什么关系，我又没吃你家的，真是狗拿耗子——多管闲事！"

小张被玲玲的举动吓了一跳，怯生生地说："这么生气干什么？我就是开个玩笑，怎么还当真了？"

"你开的是什么玩笑？如果我说你是秃子，你乐意听吗？"玲玲怒气难平，大声说道。

小张摸着头上那稀少的头发，在同事们的关注下，非常尴尬地回到了自己的座位上。

或许小张真的只是开玩笑，但是，他在有意或无意中已经伤害了玲玲的自尊心，这让玲玲大发雷霆，以牙还牙，小张只能吞下自己酿出的苦酒，默默承受心理的伤痛。

揭人伤疤带来的伤害，远远超出很多人的想象，如果不加留意，往往会给自己的人际关系带来灭顶之灾。一旦你的伤害超出对方所能承受的底线，那么对方很可能以相同的手段来对付你，到那时，你失去的将不仅仅是一个朋友那么简单，你在所有人心中的形象都会一落千丈。

俗话说："矮子面前不说短话。"别人或许有生理上的缺陷，或许有让自己感到难堪的事，或许有不愿意让别人知道的隐私，他们本身因为这些事就已经够痛苦的了，如果"哪壶不开提哪壶"，那无疑就是雪上加霜，伤了别人不说，自己也得不到什么好处，到头来只会是两败俱伤。

因此，我们在和人交流的时候，一定要注意规避生理缺陷、个人隐私、伤心往事、尴尬困窘之类的话题。当对方对某一话题不愿多谈或是刻意回避时，一定要立刻转移话题，以免在不经意间触及对方的"伤疤"。

倘若你不懂观察，执意继续话题，那么对方定然会不高兴，对你的态度也会变得冷淡起来。无论你再说什么，对方都会充耳不闻，沟通只能到此为

止，丝毫没有深入下去的可能性。

⚠本节要点

每个人心中都有属于自己的秘密"花园"，除非自己愿意，不然不欢迎别人前来打扰。做一个知趣的人，主动绕开这座"花园"，"花园"的主人才会微笑待你；如果非要闯进去，等待你的恐怕只有"猎枪"。

没人愿听冷嘲热讽的话

在我们的身边，总有一些喜欢冷嘲热讽的人，他们觉得自己说的那些话是幽默的表现，能够受到大家的欢迎，殊不知，在别人的眼中，他们简直是人际交往的黑洞，人们和他们在一起交谈，往往都会不欢而散。

对于这类人，人们通常都会敬而远之，因为不知什么时候，自己就会成为他们讥笑的对象。既然没人傻到愿意自取其辱，这种喜欢冷嘲热讽的人，也就注定没有朋友。

在与人交谈时，我们一定要将幽默和嘲讽区分开来。幽默能够让人开心，可以给人带来欢乐，并不带有强烈的个人情感，更不会以伤害别人的方式来达到幽默的目的。嘲讽则不同，它会伤害人的感情甚至是自尊心，对嘲讽的对象是一种极大的伤害。

> 无论什么时间、什么场合，冷嘲热讽的话都是不适合出现的。如果总是将自己的冷嘲热讽视作幽默，那只能说明你是一个无知的人。你对别人造成的伤害，最终会在你的身上有所体现。

罗斯是一个很调皮的孩子，有时很不尊重人。

一天，罗斯爸爸的同事带着自己的孩子库克到罗斯家中拜访。爸爸和同事在书房谈事情，便让罗斯和库克一起玩耍。库克身材瘦弱，说话显得有气无力，好像大病初愈

一样。罗斯邀请库克一起打篮球，可是刚刚打了几分钟，库克就有些气喘吁吁，坐到场边休息去了。

见此情况，罗斯大声喊道："嘿，库克，别表现得像个小姑娘一样，赶紧过来跟我一起打球啊！"

听到罗斯的话，库克心里很不高兴，但是初次相见，而且是在爸爸的同事家，库克不想惹事。于是他默默地走上球场，又和罗斯一起打起了篮球。库克实在太瘦弱了，根本无法与罗斯对抗。连着赢了几个回合，罗斯有些忘乎所以："我说，库克，你能不能表现得强硬一些，别让我感觉像是欺负小学生一样，行不行？"

再次受到羞辱之后，库克更加生气了，他推了罗斯一下，一个人跑回了屋里。

罗斯的爸爸知道了事情的来龙去脉之后，让罗斯给库克道歉。罗斯心有不甘："我只是跟他开玩笑而已，他却推了我一把，应该是他向我道歉才对！"

"你那不是玩笑，而是嘲讽！连玩笑和嘲讽都没分清楚，你还自以为很幽默，这样很容易伤害别人。你该好好想一想，你身边的那些朋友为什么一个个都离开了你。"爸爸语重心长地说。

经过父亲的开导和劝说，罗斯意识到了自己的问题，他向库克道歉，并保证以后再也不会这样嘲讽别人了。

罗斯的冷嘲热讽，不仅让库克难以接受，相信库克的爸爸同样难以接受。如果他不及时道歉，赢得库克的谅解，那么不仅会影响他和库克之间的关系，甚至会对爸爸和同事的关系产生负面的影响。所谓"上梁不正下梁歪"，罗斯的表现，很容易让人联想到他是受到了爸爸的影响，这对爸爸的人际关系也会产生不良的影响。

冷嘲热讽的话，不仅会伤害别人的感情，也会拉低自己的素质。当你为自己的"幽默"沾沾自喜时，你的朋友正一个个远离你。在你变成"孤家寡人"的那一刻，不要抱怨，不要觉得无辜，你只是为自己的行为付出了代价而已。

🄋 本节要点

　　所谓"己所不欲，勿施于人"，如果你不喜欢听冷嘲热讽的话，那么别人也会像你一样不喜欢。倘若你固执地将嘲讽当作幽默，那么你的人际关系将会变得比你想象得更加糟糕。

不要气人有，笑人无

在我们的身边，总有一些人很害怕别人比他们强，一旦看到比自己强的人，他们就会变得百爪挠心一般。用简单的几个字来形容他们，那就是"气人有，笑人无"。

"天外有天，人外有人"这个道理很多人都知道，但是能够平静承认"人外有人"的人有几个？在某些事情上，比我们强的人大有人在，这一点我们必须承认。在自知不如别人的方面，我们完全没有必要故意逞强，非要一争高下不可。

有些人见不得别人升职拿奖，见不得别人快乐幸福，见不得别人喜事盈门，见不得别人优秀，见不得别人工作好、生活好……只要别人比自己好，就会接受不了，就会眼红、妒忌、烦躁、愤愤不平、苦闷不已，以至于失去了平日的光彩。

在这个世界上，比我们强的人可以用不计其数来形容。即便你非常生气，人家该怎么生活还是怎么生活。

张三和李四是高中同学，但是高中毕业之后便各奔东西，已经有十多年没见面了。

一天，张三在大排档闷头喝酒，李四正好带着一个女子走了进来。张三一眼看到，本想躲开李四的目光，但是为时已晚，李四已经带着女子坐在了张三旁边。

"怎么，张三？不认识老同学了啊？"李四大大咧咧地问。

"哦，李四吧？我还真不敢认，这都十多年没见面了。"张三应道。

"是啊，十多年了，没想到你也到城里来了，混得怎么样啊？"李四又问。

"一般般，还能咋样？"张三有些丧气地说。

"这是我老同学，一看混得不太好啊，不然也不能来吃大排档啊！"李四故意对身边的女子说。

"那结婚没有呢？"李四又问张三。

"没呢！"张三更没精神了。

"你还没结婚啊，我都结婚好几年了。你看，这是你嫂子，就是岁数小点，比我小一轮。"李四边说边指了指身边的女子，有点炫耀的意味。

"嫂子可真年轻啊！看起来跟我家大孩子年龄差不多啊。"张三有点不高兴，开始吹嘘起来。

"你不是说没结婚吗？哪来的孩子？"李四有点不相信。

"结婚不就是个形式吗？我老婆不在乎这个。"张三轻松地说。

"你小子吹牛吧？不会是没钱办婚礼吧？有困难跟我说，我支援你一点，咱一个月两万多块钱工资，花不完。"李四又炫耀起来。

"说起工资是差点，咱也没上班，你说是吧？就开了个小厂子，一个月只能挣个二三十万，勉强够花。"张三故作谦虚地说。

"啊？这样啊，呵呵！那你有糖尿病吗？"李四有点不服气。

"没有！"张三说。

"我有！"李四继续说，"你有高血压吗？"

"没有！"张三答道。

"我有！"李四接着说，"你有心脏病吗？"

"没有！"张三又答。

"哈哈，我还有！"李四脸上现出骄傲的表情。

从这个案例可以看出，李四是一个受不了别人比他强的人。当家庭、工作、生活都无法与张三相提并论时，他竟然去比较谁身上的病多。这种思维和做法已经超出了正常人的思考范围，说明他的心态已经失常。这种人想和别人沟通，简直比登天还难。

每个人都有好胜心，和别人一争高下也是人之常情，但是，如果见到什么都要比，不能以理性的态度去对待别人比自己强这件事，那么双方除了争吵就是互相攀比，对沟通并没有任何实际的意义。

🛈 **本节要点**

凡事都要一较高低的人，注定无法取得什么大的成就，因为他们根本就不知道什么事情是最重要的，比较的结果，无非是空留遗憾和愤慨而已。

把话说得太绝，无异于自掘坟墓

古希腊神话中有这样一个故事：

一天，冲动的光明之神法厄同驾驶着奢华的太阳车在天空中恣意驰骋。在一处悬崖峭壁的拐弯处，太阳车和迎面而来的月亮车不期而遇。法厄同自认为太阳车结实厚重，冲上前去一定会让月亮车难堪。于是，他驾驶着太阳车以极快的速度往前冲，想让月亮车主动让开一条路。法厄同想象着月亮车将要面临的窘境心中不免有些扬扬得意，可是他没想到，太阳车的速度太快，以至于根本转不过弯去。在法厄同的惊叫声中，太阳车一下撞在了悬崖峭壁上。

在这个故事中，法厄同没有考虑后果，做事不留余地，结果自己吃了大亏。实际上，说话和做事一样，都要适当地留有余地，一旦把话说得太绝，最终受到的伤害很有可能就是自己。

生活中有很多人喜欢说"绝对"这个词，仿佛只有这样才能表现自己的决心，才能让对方相信自己可以说到做到。可惜很多人不知道，这个世界最"绝对"的事情只有"变化"这一件而已。

白丽丽在一家公司做销售顾问，一天，她和一名同事

李强发生了一些摩擦，在同一个办公室工作，难免有些磕磕碰碰，双方互相体谅一下也就过去了。但是白丽丽不仅不接受道歉，反而不依不饶，态度强硬地说道："李强，你给我听好了，咱们以后井水不犯河水，我就当不认识你，你也不要招惹我！"

白丽丽宣泄了一时的愤怒，却没想过这会给自己带来怎样的影响。几个月之后，李强因业绩突出而被提拔，一下变成了白丽丽的顶头上司。这下白丽丽傻了眼，由于之前的矛盾已经无法调和，白丽丽只好选择辞职，离开了辛苦打拼了三年的公司。

像白丽丽这样不留余地地说话，只会引起对方的反感，不仅不利于沟通，也会不断降低自己的可信度，缩小自己的交际圈。

不单单在摩擦中需要保持克制，在平时的工作中也要注意说话的余地。比如，当领导交给你一项工作时，你对工作的性质和所需时间并没有清晰的认识，可是为了获得领导的青睐，你立刻表明自己的决心："这个工作交给我您就放心吧，三天的时间，我保证完成。"

可是，三天之后，你并没有按照你的保证完成工作，因为工作的难度超出了你的预期，当领导找你询问工作情况时，你只能满脸歉意地对领导说："没想到这个工作这么烦琐，我还需要两天的时间才能完成。"

面对你的回答，你觉得领导心里会怎么想？他多半会觉得你有些盲目自大，甚至是不自量力吧！即便两天之后你完成了工作，你在他心中的印象也不会有多大的转变。这就是把话说得太绝的结果，不留一丝回旋的余地，只能将自己逼上绝境。如果在刚刚接到工作的时候换一种说法："工作的具体情况我也不是很清楚，我尽量快一点，争取三天之内搞定。"即便三天之后你没有完成工作，想必领导也不会责怪你，毕竟之前已经说得很清楚，只是"尽量"，没有保证一定完成。

在日常生活中，我们会见到很多说话不留余地的人，他们喜欢将"放心，我一定帮你办到""绝对没问题""保证万无一失"之类的话挂在嘴边，但是最后的结果往往并不像他们保证的那样。

事情的发展和变化和很多因素密切相关，任何一点细小的变化，都可能对事情产生不可预知的影响。因此，在说话的时候，一定要给自己留出回旋的空间，这样才能让自己立于不败之地。

❶本节要点

把话说得太绝，不留一丝余地，如果事情发生一些于己不利的变化，就很难有挽回的机会了。所以，说话不能太满，要让自己可进可退，才能在沟通中占据有利位置。

过火的玩笑，会让你"遍体鳞伤"

在人际交往中，开玩笑的情况时有发生。在适当的时候开开玩笑，能够调节气氛，缓解尴尬，增进双方的感情。但是，开玩笑也需要注意场合和对象，如果不管不顾地拿对方开玩笑，很可能引起对方的反感，使沟通无法继续下去。

在社交场合中，开开玩笑能够增加吸引力，让人感受到你的人格魅力。但是，过火的玩笑千万不能开，它不仅无法为你增光，反而会让你失去朋友。

史密斯刚刚结婚不久，可能是新婚宴尔，与妻子的关系融洽，再加上妻子做饭的手艺不错，所以史密斯比结婚之前胖了很多。

一天，史密斯以前的同事约什到史密斯所在的公司办事，偶然碰到了史密斯。两个人叙了一会儿旧，聊了聊家常，交谈正愉快的时候，约什忽然说了一句："一段时间不见，你是越吃越胖了啊！再吃下去，就变得跟猪一样了。"几个相熟的人听到之后，都哈哈大笑起来，可是史密斯却怎么也笑不出来，他铁青着脸，在一旁沉默不语。无论约什再说什么，史密斯都不像之前那么积极地参与了，两个人的谈话好像突然之间被冰冻了一样。过了一会儿，史密斯借口有工作要忙，匆匆结束了这段谈话。从这以后，史密斯和约什之间的关系就没有之前那么亲密了。

朋友之间开开玩笑无可厚非，但是，一旦玩笑开过了火，涉及人格侮辱或是让人难以忍受，那么再好的朋友也会无法接受，再亲密的关系也会因此而产生裂缝。

在我们的身边，因为玩笑而发生的争议或悲剧实在是太多了。

曾经受到广泛关注的某小学欺凌事件，也是源于同班同学之间的"过分玩笑"。未成年人的世界观、人生观、价值观尚未形成，所以有时做出一些超出正常观念的事情，是十分正常的事情。或许往同学身上扣厕所纸篓的那个学生主观上并没有恶意，但是他的行为确实已经对自己的同学造成了严重的精神伤害。这种行为其实已经不能简单地用"开玩笑"来解释，因为这是一种欺侮人格的表现，注定将要受到批评甚至批判。

很多人觉得，没有必要对未成年人上纲上线，他们只是孩子，对自己的行为还没有足够的判断能力，等他们长大了，自然懂得如何控制自己的言行。事实真的如此吗？我们身边同样不乏随意开玩笑的成年人，他们用拙劣的玩笑引起别人的反感，破坏自己的人际关系，用拙劣的玩笑证明着他们是多么拙劣的人。

无论什么时间、地点，无论什么年龄、身份，开玩笑都应该把握分寸，否则，就会在伤害人的时候还不自知，你的朋友会一个个离你而去。在开玩笑的时候，应该知道：再大度的人也会有自己的底线，他或许可以接受你一千次无所谓的玩笑，但是只要有一次触碰了他的底线，那么他就会马上爆发。这时的你，也许会像之前一千次那样，觉得只是一个小玩笑，过去就没事了。但是事实上，这一次之后，你们之前的所有情谊都将化作青烟，慢慢消失不见。

　　越喜欢开玩笑的人，越容易越过界限。因为经常开玩笑，习惯成了自然，很多话就会在不经意间脱口而出，想要减少对他人的伤害，进行顺利的沟通，就要慎重对待自己的玩笑，切忌信马由缰、不懂控制。

🕛 本节要点

　　很多人都喜欢开玩笑，但是并不是每个人都能开好玩笑，有些人开玩笑的时候，不知不觉就开过了头，结果玩笑变成了嘲笑、讥笑，令对方心生不悦，这与自己的初衷显然背道而驰了。

纸包不住火，万万不可背后嚼舌头

在我们的身边，总有一些喜欢背后嚼舌头的人，他们或是打小报告，或是诬陷别人，又或是将别人的秘密四处宣扬，总之是以一种不光彩的手段对待别人。

无论是比他们强的人，还是不如他们的人，都有可能成为他们嚼舌头的对象。他们喜欢以嚼舌头的方式贬低别人，抬高自己。不了解嚼舌头者的时候，我们通常觉得他们跟我们说的都是真心话，我们也应该对他们真心相待，于是将自己的心里话对他们说，没想到，嚼舌头者会将这些心里话添油加醋之后去和其他人说，结果使得别人对我们产生误解，影响了我们的人际关系。

林扬帆刚刚进入职场，一心想要结交更多的朋友，获得更多人的支持，从而为自己赢得更多的升职筹码。

与同事交往的时候，他总会告诉同事很多"秘密"，经理对人的评价、同事背后的议论等话题，都会成为他与同事拉近关系的筹码。

"哎，你知道吗？经理最近在暗地里观察你呢，你可小

> 有些人喜欢背后说人坏话、嚼舌头，如果以为这样的方式不会被人发现，那实在是异想天开。要记住"若要人不知，除非己莫为"，每个人的所作所为，总会留下一些蛛丝马迹。

心点。"

"经理，小李上班的时候总是玩手机，同事们都有意见了。"

"小李，我听小张说你要辞职啦？准备去哪儿高就？以后发达了可不能忘了我啊！"

"小林啊，小刘实在是太抠门了，从来都不请同事们吃饭。"

"小刘啊，小林说你抠门得厉害，我听着气得够呛，直接跟他吵了一顿。"

诸如此类的话，只要换个对象、换个人称，林扬帆能一直用下去，当所有人都知道了他的伎俩之后，他所谓的"秘密"就没有用武之地了。当所有的人都看清了他的真面之后，林扬帆自然没有了生存的空间，只能灰溜溜地离开公司。

李扬帆本想通过传递"秘密"的方式拉近关系，赢得人心，没想到最后自己被迫离开了公司。更可悲的是，即便在离开之后，他依然是同事们唾弃和鄙夷的对象。

所谓"若要人不知，除非己莫为"，无论你说什么话，做什么事，总会有被人知道的那一天。或许你能瞒得了一时，暂时地欺骗善良的人，但是"世上没有不透风的墙"，当人们听说了你的所作所为，他们自然会远离你、抛弃你，让你成为被人厌弃的"孤家寡人"。

🅘 本节要点

嚼舌头为人所不齿，它是一种见不得人的卑鄙手段，借助它或许能逞一时之快，赢一时的人心，但是从长期看来，它只会令嚼舌头者的形象受损，人际关系也会受到极大影响。

不要在失意者面前得意忘形

长期以来，中国受儒家文化的影响，一向尊崇中庸之道：不过于自信，也不过分自卑；不过于骄傲，也不过分谦虚。用在为人处世上，就是在得意的时候应当保持低调，不能过分张狂；在失意的时候应当坚定信心，不能萎靡不振。

在得意的时候，人们往往会不知不觉地膨胀，仿佛整个世界都掌握在自己的手中，没有什么事情是自己做不到的，以致口出狂言，伤害了身边的人。

要知道，每个人都有好胜心，都想获得成功。当一个人历经千辛万苦获得成功之后，难免会"人生得意须尽欢"，尽情地宣泄自己的情绪。

然而，无论如何宣泄，我们都应该注意场合和周围人的感受。如果你在失意者面前得意忘形，那么必然会引起对方的反感。

廖俊是一家大型企业的销售经理，因为工作的需要，他常常邀请一些有生意往来的客户参加宴会。

> 在取得成绩的时候，得意可以，但是千万不要忘形。一旦你被成绩冲昏头脑，在失意者面前口无遮拦地乱说一通，那么你必然要为此付出代价。

有一次，他刚刚拿下一大单生意，受到了领导的奖励，因此有些意气风发。

几杯酒下肚，他打开了自己的话匣子："我刚刚拿下的这单生意，能给公司带来上亿元的利益。领导不但表扬了我，还给我发了奖金。今天我请客啊，大家尽情吃喝。"

廖俊喝了一杯酒，继续说道，"现在领导对我非常看重，而且找我谈过话了，准备给我升职，到时候还请大家继续支持我的工作……"

廖俊继续口若悬河地说着，完全没有注意到身边的赵经理的脸色发生了变化。随着宴会的进行，赵经理一会儿上厕所，一会儿出去接电话，最后，他借故公司有事，离开了宴会。

廖俊当时并没有感到有什么不妥之处，赵经理却莫名其妙地逐渐减少了和他的业务往来。到最后，赵经理彻底切断了与廖俊的联系，廖俊不得不面对失去一个重要客户的局面。

廖俊经过多方打听，终于找到了赵经理不和他联系的原因。原来，廖俊得意忘形地吹嘘自己时，赵经理刚刚因业绩下降而受到了批评，他本想借助宴会找人倾诉一下，结果看到的却是廖俊的疯狂庆祝。赵经理的心理遭受了更大的打击，因而疏远廖俊也就不足为奇了。

很多人在取得成绩的时候，只顾着肆意庆祝，很少关注身边的人。殊不知，这种得意很可能在无形之中伤害了那些失意的人。自古以来，中国便有"满招损，谦受益"的说法，可惜的是，很多人并未以此来警诫自己，结果害自己吃了大亏。

人生在世，不可能事事如意，更何况人无完人。正所谓"波起波伏皆为水"。每个人的生命历程中都一定会经历几次得意与失意的潮起潮落。

因此，在社交场合中，我们一定时刻注意收敛自己得意的情绪。要知道，

"风水轮流转"，今天的得意，并不代表一世的得意，如果你在失意者面前显示得意，那么在你失意的时候，也可能要看着别人在你面前得意。

⚠ 本节要点

懂得克制，学会收敛，才能在得意时看清自己，才能让你变成受人欢迎的人。得意而不忘形，是一种隐忍，一种关注别人的态度，也是一种为人处世的智慧。

"我以为"往往是一剂人际交往的毒药

不知道你有没有过这样的经历？

——和同学约好一起回家，你在教室门口苦苦等了半个小时，也不见他的人影，当你返回教室找他时，却发现教室里早已空无一人。等你第二天问他怎么一个人先走了时，他回答："我看你先出去了，还以为你先走了呢，所以我就自己走了。"

——和同事说好了请他吃饭，结果到了约定的时间，却不见人来。打电话给他，他却说："我以为你开玩笑呢，我都已经吃完了。"

面对这样的情况，你能怎么办？除了苦笑之外，心中更多的应该是悲凉吧！不得不说，那些以"我以为"来辩解的人，通常是不值得信任的，因为在他们看来，"我"的感受是最重要的，别人做何感想与他们无关。

安琳是一个非常自我的人，做事情的时候总是随心所欲。

一天，她和同学美娜相约去逛商场，并约定在车站碰头。

> 在交际活动中，如果总以"我以为"开头，就会给人留下"以自我为中心"的不良印象，会对人际交往产生消极的影响。减少"我以为"的出现频率，可以在无形中促进良好关系的形成。

安琳来到车站，却没有看到美娜，于是，她一个人坐车先去了商场。

美娜在车站等了半天也不见安琳的影子，于是给安琳打了电话。

"安琳，你到哪儿了？我都在车站等半天了。"

"啊？你还在车站啊！我到车站的时候没看见你，还以为你先走了呢。我已经在商场逛半天了。你赶紧过来吧！"

放下电话，美娜急忙坐车往商场赶。

见面之后，两人一起去逛服装店。

"这件衣服不错，你去试一下。"安琳拿起一件衣服递给美娜，就把美娜往试衣间里推。

美娜并不是很喜欢那件衣服，但是为了照顾安琳的情绪，她只好勉为其难地去试了一下。美娜觉得不满意，于是安琳又拿起一件衣服让美娜去试。就这样，美娜连着试了十几件，她实在有点受不了，只好连连摆手说："我不想试了，我都不喜欢。"

"是吗？我觉得挺好看的，我还以为你会喜欢呢！"安琳略显遗憾地说。

"既然这样，那我们去吃点东西吧，休息一下再接着逛。"安琳继续说。

来到餐厅，安琳赶忙去点餐。

看着面前的一大碗面条，美娜一点胃口都没有。

"怎么不吃？不饿吗？"安琳问道。

"不是，只是不想吃面条。"美娜无奈地说道。

"我还以为你爱吃面条呢！"安琳轻描淡写地说。

"你以为，你以为，老是你以为，你能不能考虑一下我的感受，问一问我的意见？"美娜怒火中烧，头也不回地走出了餐厅。

从这以后，安琳和美娜的关系慢慢疏远，最终变成了熟悉的陌生人。

美娜大发雷霆，根源在于安琳总是从"我"的角度出发，"我以为"好的

就是好，"我以为"对的就是对，而忽略了美娜的感受，这让美娜认为安琳对自己缺乏尊重。

在人际交往中，"我以为"不啻一剂毒药，常常以"我以为"开头的人，通常给人自私自利的感觉，很难赢得别人的尊重，获得别人的欢迎。

❶ 本节要点

很多时候，"我以为"的事情并不一定能够受到对方的认可，所以有了"你以为你以为的就是你以为的"这句话。"我以为"的本质是以自我为中心，体现了说话者的自私心态。

祸从口出，要时刻管好自己的嘴巴

很多时候，在不经意间，我们的嘴巴就会给我们带来不必要的麻烦。"谨言慎行"就是告诫我们说话之前要多加思考，万万不可信口开河。如果说话不知深浅，很可能祸从口出，给自己招来祸端。

古往今来，因为说话而招来麻烦甚至杀身之祸的例子不胜枚举。在古代的政治斗争中，为了争权夺利，各党派都是煞费苦心，每个字、每句话，都可能成为对方攻击的把柄，稍有不慎，就会大祸临头。在现代社会中，也有因为一句话而失去朋友、丢掉工作的鲜活案例。有时候，恰恰是你所认为的无关大局的一句话，致使一笔生意泡汤、一个人被贬，甚至使别人无辜丧命。

古时候，有一个国王觉得自己的国家是最强盛的，他们生产的东西都是最高水平的，尤其是绳子，最让国王引以为傲。

然而，有一群卖绳子的外国人并不这样认为，他们觉得自己卖的绳子才是世界上最好的，于是四处散播谣言，

> 有句话叫"饭可以乱吃，话不能乱说"，这是因为，饭吃坏了顶多伤害自己，但是话说错了，受伤的就不仅仅是自己，还有身边的很多人。一个人如果管不好自己的嘴巴，甚至有可能为自己招来灭顶之灾。

说国王的国家生产出的绳子并不好。

这个国王听到消息之后，非常生气，下令将那几个外国人都抓了起来，并决定处决他们的首领。

到了行刑的那天，首领被押上了绞刑架，绞刑开始之后，首领不断挣扎，晃来晃去，不愿接受死刑的命运。突然，绞刑架的绳子竟然断了，首领摔了下来。按照王国的惯例，这种情况属于上天的安排，首领将被赦免。

首领得知这一消息之后，有些忘乎所以，他嚣张地对围观的人说："看见了吧？你们生产的绳子就是这么差劲，竟然连个人都吊不住。我看啊，你们什么都不会生产，即便是一条绳子也不例外。"

监斩官将绳子断裂的事情如实汇报给国王，尽管国王心里很不乐意，但是依然遵从惯例，签署了赦免令，准备将首领赦免。

"绳子断了以后，那个家伙说了什么没有？"国王随口问道。

"他说咱们生产的绳子就是这么差劲，连个人都吊不住。还说咱们什么都不会生产，即便是一条绳子也不例外。"监斩官如实禀报。

"什么？他竟然这样说！那好吧，让我们用事实证明他所说的是一个错误吧！"国王说着，把赦免令撕得粉碎。

第二天，首领又被押上了绞刑架，这一次，绳子没有断。

首领本可以捡回一条命，但是他的嘴巴害了他。在绳子断了之后，他没有收敛，反而揶揄国王的绳子不好，结果惹得国王大怒，落得个客死他乡的结局。

管好自己的嘴巴，不仅能够避免祸端，还能给人留下沉稳慎重的印象，体现一个人的良好修养和优秀品质。在说话的时候，一定要谨记，该说的时候说，不该说的时候绝对不能说。那些不善于管好自己嘴巴的人，往往喜欢添油加醋、以讹传讹，这不仅会令别人受到伤害，也会在自己心里留下黑暗的影子。

🚹 **本节要点**

在说话之前，一定要经过大脑的思考，认真考虑一下这句话说出来会产生怎样的效果，是会让人高兴，还是会让人难堪？是会给人带来温暖，还是会让人如坠冰窟？只有懂得深思熟虑的人，才是一个心智成熟、容易受人喜爱的人。

争辩是解决不了问题的

每个人都有好胜心，都想在竞争中获得胜利，这是人性使然，本也无可厚非。然而，当这种好胜心"变质"的时候，竞争就不再是竞争，而成了一个笑话。

在生活中，我们经常能够见到各种各样无谓的争论。有些人会为一个字的对错争辩不休，有些人会为传言的真伪大辩特辩，有些人会为鸡毛蒜皮的小事喋喋不休……即便你不想与其争辩，他们也会想方设法地与你一较高低，打破你与世无争的美好梦想。

从争辩的本质上进行分析，就不难发现，争强好胜是人的本性之一，即便将其称为"人之常情"也不为过。恰恰因为喜好争论是一种本性，才令很多人失去了对它的警惕性，以至于很多人说话时不知不觉地就会与别人争辩起来，因为他们在潜意识中认为只有辩倒对方才能占据话语的主动权，才能显示出自己非凡的口才。殊不知，对于很多无谓的争辩，即使赢了口舌之争也无法彰显口才，更无法赢得人心。更有甚者，会因为一些意气之争而陷自己于险境之中。

在人际交往的过程中，我们总会遇到一些意见不合的人。面对那些与自己有不同想法的人，很多人希望能够说服对方，争辩由此而生。

　　小毛和小强从小就住在一个大院里，两人是非常要好的朋友。一天，两个人相约去野外爬山。他们早早从家里出发，直到中午时分才爬到半山腰。于是两个人找了个地方，准备休息一下，吃点东西补充一下体力。

　　小毛觉得两个人的体力难以支撑到山顶，想早些打道回府，以免晚上找不到下山的路。小强则坚持认为可以爬到山顶，而且能够顺利下山回家。由于看法不同，两个人产生了激烈的争辩。

　　"我看你就是打肿脸充胖子，明明知道爬不上去，还要死撑着，真是死要面子活受罪。"小毛说道。

　　"你体力不行，不代表我的体力也不行，我肯定能爬到山顶的！"小强有些不服气。

　　"那好，你自己爬吧，我先回去了。万一山上有狼，想回都回不了了。"小毛想用狼来吓唬小强使他改变主意。

　　"自己爬就自己爬，我才不怕什么狼呢！"小强根本不为所动，依然固执己见。

　　于是，小毛和小强不欢而散，各走各路。到家后，小毛冷静了下来，他意识到把小强一个人扔在山上实在危险，于是叫上几个朋友一起去找小强。几个人爬到半山腰的时候天已经完全黑了，只能通过喊话的方式寻找小强，几经周折，几个人终于和小强会合了。小强确实迷路了，如果不是小毛带人来找他，他还真不知道如何找到下山的路。

　　因为几句争论，小毛和小强分道扬镳，倘若不是小毛及时醒悟，不知固执己见的小强将面对怎样危险的局面。

　　在现实生活中，类似上述案例的事情并不少见，本来挺好的朋友有时就会因为一两句争论面红耳赤，甚至反目成仇。可以说，类似的无谓争论对人际交往有百害而无一利，在人际交往中应当特别注意避免。

　　用争辩来表现自己的口才并非毫无可取之处，但争辩的主题首先应该是有意义的。在辩论赛场上，双方辩手的辩论给观众带来的是一种享受，不仅能够展现辩手的口才，也能让观众学到很多知识，与无谓的争辩相比更能体现其价值。我们在与人交往时必须时刻保持平和的心态，只有正确地认识争辩，才能让争辩为己所用，发挥出它的功效。

　　⚠ 本节要点

　　喜好争辩源于人的本性，想将其彻底消除是不现实的。然而，倘若任其发展，无论大事小情都要争辩一番，便是一种不可理喻的荒谬行为。

不懂装懂，只会被人摒弃

《论语·为政》中有这样一句话："知之为知之，不知为不知，是知也。"最初，它只是一句孔子告诫学生应该如何对待学问的名言。随着时代的发展和进步，这句话的应用范围得到了极大的拓展，生活的方方面面都有其应用的价值。

假如一个人什么都不懂，别人谈论什么自己都无法参与交流，无形中会产生极大的压迫感，心里会觉得自己不如别人。因此，有些人会自然而然地不懂装懂、装腔作势，以便保住自己的面子。实际上，这类人并非刻意撒谎或是蒙骗，而是因为好胜心作祟，为了不"输"给别人只好"打肿脸充胖子"，对一知半解甚至毫不了解的事情大放厥词，摆出一副什么都懂的虚假姿态，让人觉得自己非常明白其中的道理。

有人觉得这么做能够掩盖自己的缺点，于是乐此不疲，甚至不以为耻，反以为荣。实际上，敢于承认自己对某些事情一无所知并不丢人，毕竟每个人都不可能做到面面俱到、事事皆通；如果为了显示自己而不懂装懂，一旦

不懂装懂就像一种可怕的疾病，一旦沾染便会让人变得虚伪异常，即便面对完全不了解的事情也把自己伪装得如同深谙此道的专家一样。

被对方戳破假面，反而会让对方觉得你是一个不值得信任的人。

皮特是一个十分爱面子的人，对所有的事情他都要极力表现得十分精通，以避免任何一点丢脸的可能。

在学生时代，同学们的知识储备相差无几，当皮特云山雾罩地进行一番颇为"高深"的发言之后，很多同学都被蒙在鼓里，天真地认为皮特确实知识渊博，是一个值得尊敬的人。一想到自己的胡说八道能够隐藏得如此之久，皮特心中就会涌出一种骄傲的情绪。他认为自己的不学无术并不会被揭穿，参加工作之后依然我行我素，没有丝毫收敛。

一天，他正在同事面前卖弄"知识"，炫耀自己，总经理恰好从旁经过。听到皮特那稍显荒谬的论调后总经理心中暗暗觉得可笑，他没想到皮特是这样一个哗众取宠的家伙，为了以儆效尤，他决定惩治皮特一下。

总经理走到人群中间，故意大声说道："皮特说得太好了，他的观点十分新颖，真是前所未闻。"

听到总经理的夸奖，皮特更加飘飘然了："总经理过奖了，但我的话绝对可靠，因为我亲自进行过验证。"

"真的吗？"总经理有些将信将疑。

"当然是真的，我有什么必要骗人呢！"皮特有些忘乎所以。

"那就请你再为我们验证一次吧！好吗？"总经理脸上露出了狡黠的笑容。

直到此时，皮特才意识到自己栽进了陷阱中。他千辛万苦树立起的"光辉"形象一刹那就灰飞烟灭了。

假的就是假的，无论掩藏得多么精妙，总有被揭穿的一天。在人际交往中，真诚、坦率才是增进感情的不二法宝。用虚假的方式对待交际对象，或许能赢得一时的信任，却难以建立长久的融洽与信任关系。

真正的朋友不会因为你的无知而嘲笑你，而是会想方设法地帮你提高自身能力。朋友之间本来就该互相帮助、取长补短，遇到不懂的事情虚心向人求教，会令人增加对你的好感。如果你装作什么都懂，就会让身边的人自惭形秽，不敢和你有过多的交流，最后你很可能变成"孤家寡人"，连个可以说话的人都没有。

所谓"闻道有先后，术业有专攻"，每个人都有自己擅长的方面，也有不足的方面。在与人交往的过程中一定要时刻保持谦虚的心态，敢于承认自己"不懂"，这样才能取得更大的进步。

❗本节要点

俗话说："谦虚使人进步，骄傲使人落后。"对于那些不懂装懂、连骄傲的资格都没有的人来说，一味隐藏缺点的结果只有一个，那就是被人摒弃！

说话直来直去，只会伤人害己

在人际交往中我们常常会遇到这样一类人，他们直来直去地表达自己的观点，在任何时间、任何地点，面对任何人时总要一吐为快，很少注意自己的言语是否会对交往的对象产生伤害。

一般情况下，这些人对自己的性格是十分了解的。他们在进入主题之前他们往往会这样说："我这个人性子直，喜欢有什么说什么，如果有什么地方说得不合适，还请原谅啊！"

以这样真诚的话作为开场白通常能够吸引对方的注意力，甚至博得对方的好感。可是只要他们一开口，得罪人的话就会源源不断地出现，使对方之前产生的那点好感很快就消失殆尽了。

从另外一种角度来看，有时人们从这样的开场白中听到的并不是真诚，而是他们为自己可能会说错话而提前找好了借口。如果听话者产生了这样的想法，那么一定会刻意关注这类人在讲话过程中的破绽，一旦讲话者露出破绽，无论开场白说得多么真诚也可能被听话者误解，进而

直爽的说话方式并非适用于所有的场合、时机、对象。如果无意间戳中了交往对象的"伤疤"，很可能令对方对你产生敌意。

产生嫌隙。

因此，在与人沟通的过程中，最好能根据不同的环境、地点、对象，有选择地表达自己的观点。

有些人认为"竹筒倒豆子"的说话方式更加直接，能够最简单、确切地让对方了解自己的想法，却没有意识到一旦戳到对方的痛处，这种直接的方式是最容易伤害对方的，会令对方心中产生久久难以消除的不悦感。

培根曾说过："含蓄和得体比口若悬河更加可贵。"对于那些令人难堪或容易伤害别人的内容，应当以尽量委婉的方式进行表达，有效地避免无意的伤害，让交流更加顺畅地进行下去。

鲁迅有一个名叫川岛的日本学生，他花费了很多时间用于谈恋爱。为了提醒他专注学习，鲁迅送给他一本书，书中写着这样一段话："请你从'情人的拥抱'里，暂时伸出一只手来，接受这干燥无味的《中国小说史略》……"

鲁迅并没有直接批评川岛或劝说他不要因为谈恋爱浪费宝贵的学习时间，而是运用含蓄的手段、以诙谐幽默的方式进行提醒。没有激烈的情绪渲染，也没有锋芒毕露的指责，鲁迅的不动声色意味深长。当川岛看到这样的赠言，想必会在会心一笑之余进行深刻的反思。

与"有话直说"相比，含蓄的语言更能触及心灵。毕竟，只有对方愿意聆听时，你说的话才有意义，倘若你的"直话"伤害了对方，那么对方必然会关闭自己的心门，你说再多话都不会起到一丝一毫的作用。

有人认为含蓄的语言不够直爽，还有人认为含蓄的语言不过是一些花言巧语甚至是谎言，人际交往中本就不该出现含蓄的说话方式。这种观点是对委婉和含蓄产生了错误的认知。委婉、含蓄地说话是为了让对方更乐于接受我们的

观点，是一种充满智慧的表达方式。

❶本节要点

　　直来直去的说话方式可以表现自己的直率和坦诚，却并不一定能够达到最好的交流效果。批评别人的时候最好委婉、含蓄一些，毕竟，没人愿意直面自己的缺点和不足。

不拘小节也会带来大麻烦

在日常沟通中，人们常常会犯下一些小错误，表现出一些小毛病，如说话不清、过度夸张、矫揉造作之类，很多人未曾留意过这些小问题。

很多人对这些瑕疵并不在意，即便发现了自己的不足，很多人也表现出不以为意的态度，总觉得小小的一个缺点不会对自己的人际关系造成多大的影响。假如有人告诉他们再小的毛病也需要加以注意，需要提高警惕，他们反而会以"君子行大礼而不拘小节"之类的话进行反驳。

殊不知，恰恰是这些看似不起眼的小节在一点点蚕食自己良好的形象，降低对方与你沟通的兴趣。如果你的"不拘小节"触犯了对方的某种底线，对方就会对你充满反感乃至敌意。

赵磊刚刚走出大学校园，正式踏入职场。在学校，赵磊是备受欢迎和赞扬的明星学生。每个学期结束，荣誉墙上总少不了他的名字。在这种环境中成长起来，赵磊难免生出一些傲慢的情绪。与同学说话的时候，他的语气中总

"小节"不可轻视，更不可丝毫不加约束。过度放纵自己，随心所欲地表现自己的种种"小节"，你极有可能变成招人厌烦的"讨厌鬼"。

是隐含着一些鄙夷的成分，似乎觉得自己高出别人一头。

慢慢地，同学们都不愿意和赵磊接触了。对此赵磊并不在意，他觉得没人来烦自己正好，这样就能将全部的精力投入到学习之中，只要有老师的赞扬，就说明自己是个好学生，自己的所作所为没有任何问题。于是，赵磊非但没有改正自己的缺点，反而任其发展，以至于进入职场之后仍然我行我素。

对于那些入职多年的前辈来说，赵磊的傲慢令人难以接受。在他们看来，一个刚刚毕业的大学生竟然连起码的尊重都不懂，这种人根本没有培养的价值。因此，公司的前辈们都不愿将工作经验和方法传授给赵磊，即便赵磊想向前辈求教，前辈们也只是敷衍了事，没人愿意倾囊相授。

在这种情况下，赵磊能学到的东西实在少之又少，长时间地无法融入集体、无法取得业绩，赵磊的心态发生了极大的变化，他认为前辈们刻意针对自己是因为他们嫉妒自己的能力，却没想过从自己身上找到问题的根源。备受孤立的赵磊最终只能从公司离开，结束一段失败的工作。

赵磊从没想过说话语气这种"小事情"会给自己带来这么大的麻烦，他的"不拘小节"反而成了前进路上最大的绊脚石。

不拘小节没有错，可是并非所有的"小节"都可以不拘，我们应该根据实际情况，对那些可能影响个人形象、影响人际沟通的"小节"切实加以拘束，以免在"小河沟"里翻船，造成难以弥补的损失。

❶ 本节要点

成大事者往往需要气吞山河的宏大气魄，然而，倘若由此便说完全可以"不拘小节"，未免显得过于极端。实践已经证明，很多"小节"往往会坏掉大事，实在需要多加留心。

第七章

善用眼睛，"读出"奇妙的身体语言

身体虽然不会说话，但是也有自己独特的语言。身体语言是一种奇妙的表达方式，任何一个身体部位，任何一个细小的动作，都能表达某种令人意想不到的意思。睁大你的眼睛，尽量从对方的身体上获得信息，这些信息往往比对方口中说出的话具有更高的可信度。因为身体语言是一种潜意识的流露，能够更加真实地反映一个人的内心世界。

从头开始，打造美好的个人形象

在人的身体上，头部位于最上方。与人近距离接触的时候，人们首先关注到的就是头部。我们的脸上会有表情，我们的口中会有语言，甚至通过肤色，都能判断出一个人是经常在户外活动还是在室内活动。当然，在诸多受到关注的部位中，头发也是十分重要的。

无论一个人的头发长短如何，发型如何，首先应该注意保持整洁和清爽，如果一个人的头发总是油乎乎的，或是乱蓬蓬的，那么他通常会受到人们的嫌弃，恐怕没几个人愿意站在他的身边。

发型可以直接反映一个人的精神状态和性格特征，各种不同的发型能够塑造出不同的视觉效果。有的发型让人显得充满青春活力，有的发型让人显得沉稳庄重，有的发型让人显得脸型瘦小，有的发型让人显得端庄淑雅……无论哪种发型，都有相对适宜的人群。一个人选择发型的时候，除了性别、年龄、职业等方面的考量，还要符合个人的气质。这些方面综合在一起，才是一个能够展现个人形象的完美发型。

与人近距离接触的时候，发型可能会变成我们身上的闪光点。发型闪烁出的不同的光，表现出的不同形象，往往能够体现一个人对自己的认知以及他的思维习惯。

发型是一种独特的身体语言，根据不同的发型，我们能够联想到不同的特定身份。比如，很多男性艺术家喜欢留小辫子或是络腮胡，这会让人觉得他充满了艺术气息；如果是推销员，则会选择相对短一些、整齐一些的发型，这会让人产生干练、精神的感觉。如果让推销员留艺术家那样的发型，相信很多客户会觉得难以接受，这会对推销工作产生负面的影响。

就像在不同的场合中需要展现不同的形象一样，不同的风格诉求和思维方式也决定了不同的发型。电视台的新闻节目主持人和娱乐节目主持人，在发型的要求上就有完全不同的标准。新闻节目主持人的发型应该整齐利索，这有助于主持人保持清晰的思维；娱乐节目主持人的发型则应时尚，这会让主持人感觉自己拥有充沛的精神活力。

在中央电视台，有一个专门负责监督主持人形象的机构，叫作出镜委员会，这个机构的成员都是中央电视台的资深主持人，他们的主要工作就是为主持人上镜之前做一些培训。赵忠祥曾是出镜委员会的一员，他说过："出镜委员会的主要工作是监督主持人的形象，主持人的发型自然也是监督的内容之一。"赵忠祥介绍，主持人的形象不能出格，要保持一定的延续性，在长期的主持工作中，很多人的发型已经成为其个人形象的重要组成部分，甚至是他们个人及节目的标志。人的长相无法改变，但是展现给观众的形象却可以塑造，一旦主持人在观众心目中形成某种印象，那就不能轻易改变，想维持住这种形象，发型也不能随意地改变。

刘纯燕自从担任中央电视台儿童节目《大风车》的主持人之后，就以"金龟子"的形象示人，她的"锅盖头"也逐渐成为个人的形象标志之一。很少有人能够想到，她的这个发型一留就是二十几年。但是，如果有一天她突然换了发型，那她还是人们熟悉的那个"金龟子"吗？

一个人的发型是仪表的重要因素之一，是构成良好整体形象的一个部分。通常情况下，发型本身并没有美丑之分，只要一个人的发型和他的脸型、肤

色、体型等相匹配，与他的工作、身份、气质等相吻合，那就能展现出他的个人魅力。

❶本节要点

有很多决定发型美的因素，我们是无法随意改变的，但是通过不同的发型，可以充分诠释自己不同的思维，从而在形象和行动上都表现出完美的效果。

游移的眼神背后，隐藏着弥天大谎

　　一个人的眼睛，是最容易暴露个人的真实想法的。一个人听到了自己很喜欢听的话，或者感到恐惧或兴奋时，他的瞳孔往往会放大；一个人听到不喜欢听的话，或是情绪低沉的时候，他的瞳孔往往会缩小。通过观察人的瞳孔，就能对他当时的状态做出大致的判断。

　　在与人交谈的过程中，眼神交流是必不可少的。用眼睛注视着对方，不仅是对对方的尊重，也能通过观察去了解对方的想法，从而促使交流更好地进行下去。

　　然而，并不是所有的人都喜欢进行眼神的交流，当你看向做错事或是撒谎的人时，他们的眼神往往会游移到别处，千方百计地避免与你进行直接对视。这是因为，他们担心别人发现自己的丑行，只好用这种掩耳盗铃的方式隐藏自己的内心。

　　在很多影视作品中都有这样的场景：

　　一个人做错了事情，害怕受到责怪，于是找出各种理由为自己搪塞，他表面上故作轻松，但是心里的担忧却掩藏不住。当对方让他看着自己的眼睛再说一次时，他的眼

> "眼睛是心灵的窗户"，这句话可谓人尽皆知，通过眼睛，我们可以真切地看到一个人的心灵。如果有人刻意躲避你的目光，那就说明他的心里有鬼，不愿被人发现。

神通常是躲躲闪闪，不敢直视对方的。在对方的一再追问下，撒谎的人往往无法招架，最后只好乖乖招认。

在这些片段中，撒谎者的种种表现往往会成为经典的笑料，他那偷偷摸摸、心惊胆战的样子，实在令人忍俊不禁，因此也给人们留下了深刻的印象。

在现实生活中，我们也会有相似的亲身体会。当我们睡懒觉，导致上班迟到时，通常会以堵车之类的借口应付老板，一旦老板将目光停留在我们身上，即便他是很关切地询问，我们也会觉得如芒在背，于是不自觉地躲闪老板的目光；孩子考试结束之后，如果成绩不好，总会支支吾吾地说不出自己在班级的最终排名，不是说老师没排，就是说自己不知道，当我们盯着孩子时，他们总会用"回屋做作业"或是"出去玩一会儿"之类的话来结束谈话，逃脱我们的目光。

类似的事情不胜枚举，总让人觉得可笑又荒唐，但是当事情发生在自己身上时，很多人依然乐此不疲地表演着"此地无银三百两"的笑话。

从自己的亲身经历就能明白，一个人的眼睛是最可能泄露心中秘密的器官，当你想验证一个人是否在撒谎时，可以盯着他的眼睛看，如果表现出不自然或是不敢与你对视，那么很有可能他正在撒谎。当然，注视别人的眼睛虽然是一种礼貌的表现，但是也要有一定的度：通常情况下，注视的时间应该控制在三至五秒。假如你的地位比对方低一些，可以适当地延长注视时间，但是也不能一直盯着，因为在某些人看来，总是盯着别人看是一种挑衅的行为，会引起对方的不快。

本节要点

与人交往时，假如你的眼神发虚或是四处游移，往往会令对方产生不安的感觉，在你的话还没说出口时，对方已经先入为主地对你有了些许不良的看法。可见，想要取得良好的沟通效果，平和、亲切的目光是必不可少的。

嘴角上扬的人，可交

无须赘言，嘴最大的功能就是说话。除此之外，嘴唇还有各种不同形态的呈现方式。不同的嘴型和动作往往能反映不同的心理状态和情绪。例如，不经意的噘嘴通常表示生气或不满意，故意噘嘴则能表现可爱的姿态，嘴巴抿成一条缝的人一般意志坚强，嘴角上扬的人往往心胸宽广……

总之，嘴唇虽然不大，其"表情"却十分丰富，当你遇到喜欢将嘴角扬起的人时，一定要抓住机会和他进行深层次的交往，因为他们通常心胸开阔，不会因为鸡毛蒜皮的小事而斤斤计较。即便你们曾经发生过什么误会，在你需要帮助的时候，他也会放下之前的嫌隙，竭尽所能地帮助你。

一天，姜涛的母亲突然中风，被送到医院急救。可是，医院的患者太多，普通床位不够，姜涛的母亲被安置在医院走廊的临时床位上。

看着憔悴的母亲，姜涛心急如焚。他时不时地询问大

在身体的诸多组成部分中，嘴是十分重要的。人们不仅需要嘴说话，嘴上的某些动作也能反映一个人的性格，那些喜欢将嘴角扬起的人，通常值得交往。

夫什么时候能有床位，可是得到的回答总是"暂时没有"。姜涛在走廊里踱来踱去，一不小心撞到了一个医生。姜涛忙不迭地向医生道歉，对方扬起嘴角，轻轻地说了声"没关系"，便走了过去。

姜涛并未看清医生的长相，可是那扬起的嘴角令姜涛印象深刻，他一下想起了自己的高中同学汪强。姜涛清楚地记得，汪强说话的时候就喜欢这样扬起嘴角，并因此受到很多女生的欢迎。有一次，在两个人发生了小小的摩擦之后，汪强又扬起了嘴角，姜涛认为这是汪强对自己轻视的表现，于是狠狠地将汪强揍了一顿。从那以后，两个人互不理睬，直到毕业之后各奔东西，至今已经十多年了。后来听同学说汪强考进了医科大学，现在已经是主任医师了。

想着想着，一阵喧闹声将姜涛拉回了现实。他一抬头，发现刚刚那个医生正站在母亲身边，观察母亲的病情。

"不认得我了，老同学？"医生转过头来，扬着嘴角对姜涛说。

"啊！你是汪强？"姜涛有些不敢相信。

"是啊！我还以为你已经把我忘了呢。我可是永远都忘不了你的那顿暴揍啊！"汪强轻松地说道。

"这，这，这怎么说呢！实在没想到能在这里遇到你。"姜涛显得非常尴尬。

"阿姨病得不轻啊，我已经帮她安排了一个高级病房，等下就能换床位了。"汪强的嘴角又扬了起来。

"可是，我的钱不够啊！"姜涛更加尴尬了。

"没关系，咱们谁跟谁啊！"

当汪强再一次展现他那标志性的"嘴角上扬"时，姜涛的眼圈都红了。此刻，他感受到的不是轻视，而是一种沉甸甸的宽容和理解。

微行为专家通过观察和研究发现，喜欢嘴角上扬的人通常十分聪明、开

朗，他们喜欢结交朋友，具有极强的包容性，通常不会记仇，总能在朋友需要
帮助的时候伸出援助之手。

🔔**本节要点**

嘴唇的语言是丰富多彩的，不同的环境、不同的心态，嘴唇所呈现的姿态
都会有所不同。在观察细微差别的时候，首先要保持一颗平和的心，不能让自
己的情绪影响了判断。

拍拍肩膀，传递善意

与人沟通的过程中，我们常常会不经意地做出一些动作，这些动作仿佛天然形成，根本无法隐藏。一些表示友好、传递善意的动作，其实也无须隐藏，因为它们是真情的流露，能让对方感受到我们的友善。

当然，你也可以有意识地运用一些小动作，如拥抱、拍肩膀等，来传递自己的善意，以增加对方对你的好感。很多女性逛街时，喜欢与闺蜜手挽着手，这就是一种友好的表示；看到喜欢的小孩，很多人会抚摸小孩的头，这能增加亲切感；当你想让陌生人帮忙却不知如何称呼时，拍拍他的肩膀，便能将你的善意传递给他。

萌萌是一名刚刚毕业的大学生，应聘到一家公司当经理助理。

刚刚参加工作，萌萌很想好好表现，经理交代了什么任务，她总想以最快的速度完成。但是，她毕竟对办公设备和各部门负责人不太熟悉，因此难免出现一些错误。萌萌对此很着急，但是越着急越容易出错，本来很简单的打

> 很多细小的动作，总在不经意间做出，它们与本性一样，是生命中不可或缺的构成。它们的出现，并非刻意，而是某种潜意识的体现。

印工作，萌萌尝试了几次都没成功。经理着急用文件，同事排队等着用打印机，眼看着同事因自己的问题而受到影响，萌萌心中十分难受。尽管同事十分理解，萌萌却越发着急起来。

在同事的协助下，萌萌终于打印好了文件，她边对同事说着"对不起"边拿起文件准备送去给经理。没想到，文件没有整理好，结果散落了一地。这下，萌萌更加尴尬了，她赶忙低头捡文件，眼泪不停地在眼眶中打转。

等她调整好情绪站起身来时，却发现经理正站在自己面前。经理没有责怪萌萌，而是拍拍萌萌的肩膀说："没关系，不着急，你一定能干好的！"

听了经理的话，萌萌心中立刻充满了力量，她不断努力，终于成为一名合格的经理助理。后来，经理离职到另外一家公司工作，萌萌也跟着经理到了同一家公司。

虽然经理不过是轻轻拍了拍萌萌的肩膀，却让她从中感受到了信任的力量。正是这种信任，让萌萌从一个职场新人，变成了一个优秀的经理助理。

虽然拍肩膀的动作非常细微，但是它蕴含的力量十分巨大。在与人交往的时候，无论你面对的是陌生人还是好朋友，都可以用这个动作来传达你的友善，相信对方也能从你的掌心中感受到你那满满的善意。

🔵 本节要点

面对不太熟悉的人，过于热情的肢体动作会让人觉得夸张和做作，轻拍肩膀这个小小的动作就能够恰如其分地表达自己的友好和善意。

透过手势语，解读真意图

行为学家曾经十分形象地说："手势是人的第二张唇舌。"可见，手势在身体语言中占据着十分重要的位置。

人们的心理变化会通过各种各样的手势体现出来，有时，手势甚至比语言更能准确地传达讲话者的所思所想。

在发生重大事件或变故时，我们往往会交叉紧扣自己的手指，这表明正承受压力或对自己缺乏自信；在听到、看到或想到一些糟糕的事情时，我们的手会不自觉地抖动，这是心里紧张、恐惧的表现……

皮特夫妇在家举办了一场盛大的宴会，以庆祝两人结婚二十周年。在宴会上，亲朋好友们欢聚一堂，频频举杯。酒过三巡，菜过五味之后，人们开始聊起各自的生活和生意。杰克是做钢材生意的，自然而然地和身边做钢材生意的朋友聊了起来。

朋友说："我的钱好像一下就少了很多，导致生意遇到了资金困难。"

杰克回道："是啊，生意不好做，大家都差不多。"

在说话的时候，很多人会运用各种各样的手势。有些手势是刻意为之，有些手势则是不经意的流露；有些手势能够振奋人心，有些手势则会透露你内心的秘密。

听到两个人的对话，杰克的妻子朱莉接过话头："就是，我总觉得钱不知不觉间就没了。"

听到妻子的话，杰克的脸色有些变化，双手也悄悄地从餐桌上缩了回去，最后放在了自己的大腿上。

研究过身体语言的人都知道，杰克手部的这个动作意味着他想逃避，说明他心中一定隐藏着什么不可告人的秘密。后来，朱莉发现的事情也证明了这一点。原来，杰克在外面养了一个情妇，他总是悄悄地从家庭账户中取出一些钱，交给情妇。朱莉无法忍受丈夫对自己的背叛，最终和丈夫协议离婚。

杰克自认为掩饰得很好，但是他缩回双手的动作却出卖了自己。从中不难看出，相较于善于欺骗的语言，手部动作更容易透露一些真情实感。透过手部提供的线索，我们可以了解身边的人的某些思想或意图。

在交谈时，如果对方不由自主地将双手隐藏起来，往往说明他在刻意隐瞒一些非常关键的信息；如果对方总是用手摆弄东西，通常说明他非常紧张，承受着极大的心理压力；如果对方将双手握成拳头，说明他是一个很自信的人，值得信赖；如果对方将双手摊开，通常是表示无奈或者妥协；如果对方不停地搓动手掌，表达的则是跃跃欲试的心情。

将对方的语言和手部动作进行综合考量，能够更加准确地了解对方的心态，这对双方的沟通能够起到极大的促进作用。

◆ 本节要点

人的手势多种多样，不同的手势蕴含着不同的深意。那些在不经意间出现的手势，往往很能体现一个人的内心世界，很多时候，你隐藏得再好，也可能被一个小小的手势戳穿假面。

一个大大的拥抱，远胜千言万语

人类的身体语言十分丰富，有些动作能够表达积极的情绪，有些动作则会表达消极的思想。高兴的时候，人们会笑个不停；悲伤的时候，人们会痛哭流涕。身体语言的表达更加直接，即便没有听力的人，也能理解这些动作的含义。

很多时候，仅仅依靠口头语言难免无法全面地表达自己的想法，加上肢体动作之后，就令整个表达变得更加完善，更加形象。从这个角度上说，身体语言的确增强了沟通效果，它是沟通中不可缺少的组成部分。

有些时候，想说的话太多，却又不知从何开口，或是一时之间难以言尽，那么，就可以运用肢体的语言进行表达。这种无言的"语言"，反而能够表达更加深厚的情谊，给人留下更加深刻的印象。

小军从小就是一个十分调皮的孩子，在学校常常闯祸。后来，父母外出打工，小军便跟着爷爷奶奶一起生活。没有了父母的管教，小军越发放纵起来。

在某些场合中，身体语言比口头语言更具感染力，更能打动人心。一个大大的拥抱，比千言万语更加有效。好好把握这样的机会，你就能赢得对方的心。

上完小学之后，小军便不再读书，跟着社会上的闲散人员惹是生非。尽管家人一再劝诫，小军依然我行我素。后来，在一次纠纷中，小军刺伤了一个人，结果被判入狱。

监狱的生活简直度日如年，小军第一次感到了孤独和无助。回想起自己往日的种种行为，小军后悔异常。家人对自己的关心和爱护，曾被小军当作垃圾一样扔在地上，现在的他，多么希望家人能够像之前一样给他一个温暖的避风港。

小军在监狱积极改造，获得减刑，用不了多久就能提前出狱回到亲人的身旁。但是，他又犹豫了，产生了很多的担心：自己犯下的罪过，家人能够原谅吗？我身上的黑点，还能抹掉吗？在希望和疑惑中，小军等到了出狱的日子。

他不知道接他出狱的是谁，也不知道今后的生活中会遇到什么困难。他只能硬着头皮向前走，为自己的过错付出应有的代价。

当他走出监狱大门时，看到苍老的哥哥正站在门外，局促地走来走去。他想说些什么，张了张嘴却什么都说不出来。哥哥看到小军，快步走到他的面前，一把将他揽住，给了他一个大大的拥抱。哥哥抱得那么紧，仿佛害怕小军消失一样。一瞬间，小军的泪水恣意流淌，他知道，哥哥的拥抱已经说明了一切，他依然是哥哥最爱的弟弟。在那一刻，小军暗下决心：为了哥哥，为了父母，一定要重新做人！

哥哥的一个拥抱，化解了小军心中的种种顾虑，无论怎样，家人都会始终站在他的身后，包容他，支持他。哥哥虽然什么都没说，但是这个拥抱比万语千言更有力量。

在中国的传统观念中，拥抱是一种十分亲近的表现，只有关系亲密的人才会使用这个动作。如果一个人伸开双臂，准备给你一个大大的拥抱，那就说明

他对你十分信任，这是一种十分友善的表示。

❶本节要点

身体语言的精妙之处在于：虽然没有声音，却比某些声音更加让人感动，让人受用。合理地运用身体语言，这是学习沟通的必修课，也是赢得沟通的取胜之匙。

双手摁住膝盖的秘密

　　与人交谈时，很多人会刻意地控制和掩饰自己的内心活动。其中，人们最常做的就是伪装自己的面部表情，尽量不让人从脸上看出自己心态的变化。

　　然而，恰恰是因为对表情过于关注，人们往往会忽视自己的腿部动作，这就使得"腿部语言"完全展现在对方面前。

　　其实，作为身体语言不可或缺的组成部分，"腿部语言"同样会暴露人的内心变化。

　　因此，在与人沟通的过程中，不仅要认真倾听对方所说的话，更要时刻关注对方的腿部动作，从中很容易发现所需的信息。

　　小李和老王在同一家公司工作，虽然两个人的年龄差距比较大，但是他们之间的关系却非常好，在公司是一对人人羡慕的忘年交。

　　一个周末，两个人约好了在老王家里下棋。小李早早出门，走到一半却发现准备给老王带的酱肘子忘记拿了，

在沟通过程中，要时刻注意观察对方身体姿态方面的变化，有些人尽管嘴上没说希望结束谈话，但是他们的动作已经非常清晰地表明他们"想离开"。

于是返回家中去拿。

与此同时，老王接到了一个电话，是一个朋友的家人要到老王所在的城市游玩，希望老王能到机场去帮忙接一下。老王想都没想就答应了下来，因为老王认为按照之前和小李约定的时间，两个人下完棋之后还有足够的时间赶到机场。

时间一分一秒地过去，马上就要到约定的时间了，小李还是没有出现，这让老王有些焦虑不安。这时，小李打来电话，向老王解释了迟到的原因，并表示一个小时之内准到。老王虽然着急，但小李毕竟是一番好心。一个小时之后，老王终于在焦虑中等到了小李。

寒暄之后，两人开始下棋，老王有些心不在焉，所以棋下得很慢，好不容易熬完三盘棋，小李却要再下两盘。老王有些着急，不经意间把双手摁在了膝盖上，并且一只脚在前，一只脚在后，膝盖也弯了起来，就像运动员准备起跑一样。

小李正兴致勃勃地摆棋盘，一抬眼看到了老王的这个动作，他一下就明白过来了：老王肯定是有急事要出门，却又不好意思直说。于是，他站起身来，说道："老王啊，我突然想起一件重要的事，得马上去处理一下，咱们改天再下，好吧！"

听到小李这样说，老王心中的石头落了地："好啊，我恰好也有事，正不好意思跟你说呢！"

小李敏锐地观察到了老王双手摁住膝盖这一动作，准确地感觉到老王有起身的意图，说明他已经准备离开。于是，他赶紧找借口离开，不仅顺从了老王的意愿，也为彼此保住了颜面。

与人交谈的时候，如果发现对方做出类似的"起跑姿势"，那么你就该尽快中断谈话，赶紧抽身离开，因为对方的潜意识中已经做好了离开的准备，再继续交谈下去，只会令对方不悦，增加对方对你的反感。

❶本节要点

　　对关系亲密的朋友，往往不好意思下"逐客令"，这是人之常情。当你不想继续交谈的时候，可以试着用身体"说话"，往往可以起到"此时无声胜有声"的效果。

被忽视的双脚，会告诉你正确答案

通过诸多的实验，英国的一名心理学家发现了一个十分有意思的现象：人的身体中，越是远离大脑的部位，越可能反映出一个人真实的内心世界。也就是说，脸离大脑最近，所以脸上的表情最容易伪装出来；双脚则是离大脑最远的部位，所以想要伪装相对困难一些。所以，当你想看出对方是否在撒谎却找不出什么破绽时，不妨观察他脚部的动作，或许能看出一些端倪。

我们身体的任何一个部位，都能说出独特的"语言"，很多人会将注意力放在脸、手等部位，但是常常被人忽视的双脚，同样能够帮你看出一个人的内心世界。

在一次期末总结会上，班主任让每名同学都上台发言，总结一下自己的学习情况以及对班级建设的看法。

同学们依次走上讲台，十分认真地开始自己的发言。班主任坐在讲台一侧，不时地观察发言的同学并及时地给予鼓励。轮到小明上台发言了，当他讲到"我这个学期读了二十本课外书"时，班主任发现小明特意微笑了一下，而且双脚不经意地在地上交替踏步。这一动作被班主任看在眼里，记在心里。

总结会结束之后，班主任特意将小明留了下来，与他进行了面对面的交流。

"小明，你这个学期读了二十本课外书啊？"班主任面带微笑地问道。

"差不多吧，应该有二十本。"小明的心里有些打鼓。

"这得需要不少课外时间，都没有玩的时间了吧？"班主任依然笑容满面。

"嗯，是花费了我很多时间。但是，这很值得。"小明的脸上泛起了红晕。

"那你觉得哪些书比较好呢？说出几本，我可以推荐给同学们读一读。"班主任心平气和地看着小明。

"这个嘛，我想一想……"小明有些语无伦次了。

班主任没有说话，只是静静地看着小明。

"老师，我错了，我不该撒谎。其实我没看那么多课外书。"小明实在伪装不下去，只好说出了实情。

"没关系，知错就改依然是个好孩子。"班主任语重心长地说。

班主任是怎么看出小明撒谎了呢？原因很简单，就在于小明那双不停踏步的脚。或许是因为过于紧张，所以小明没有注意到自己脚部的动作，但是这一切都被班主任观察到了。虽然小明尽量用微笑来掩饰自己的紧张，但是他的双脚已经在不知不觉间出卖了他。

很多老板喜欢用办公桌将自己的下半身结结实实地遮挡起来，这能让他们产生更多的安全感。因为有了办公桌的遮挡，别人就无法观察他们的脚部动作，这在无形中能减轻身心的压力，给自己创造更加舒适的交流环境。

与人交谈的过程中，如果你发现对方的双脚总是不断地出现动作，那就说明他此刻的心情是非常紧张的，很有可能他正在撒谎。当然，如果仅凭脚部动作就认定对方在撒谎，或是不留情面地指出对方在撒谎，也非好的选择。应该

采用案例中班主任对待小明的方式,通过巧妙的问话卸下对方的假面。

❶本节要点

一眼就能看到的身体部位,每个人都会加以注意,因此也更容易进行伪装。如果反其道而行之,多观察一下脚部的动作,说不定会得到意外之喜!

第八章

笔下写出的不仅是字，还有沟通的方式

每个人的书写习惯都有所不同，都带着鲜明的个人特色，无论是规规矩矩地写字，还是随心所欲地信手涂鸦，均能反映这个人不同的心理状态。了解了各种各样的书写方式、笔迹和线条，有助于我们分析和掌握对方的情绪变化，为良好的沟通打开一扇不一样的大门。可以说，人们书写出的不仅仅是文字，还是一个人的内心世界，我们往往可以通过它找到恰当的沟通方式。

通过笔迹看透人心

在法国的大学中，有一门非常有趣的课程，叫"笔迹心理学"。笔迹心理学是应用心理学的一种，在实践中具有非常实用的价值。它通过对一个人笔迹的分析和研究，来探知人的内心世界，推测出人的性格、心理状态、情绪、个人能力等。

法国人米雄是笔迹分析学的奠基人之一，他提出一种判断方法，运用这种方法，只要对一个人手写的文字进行分析，就能大致了解一个人的性格。这种说法看似有些玄妙，实际和心理学有着很大的关系。美国心理学家艾维就认为："手写实际是大脑在写，从笔尖流出的实际是人的潜意识。人的手臂的复杂多样的书写动作，是人的心理品质的外部行为表现。"

在中国，也有很多能够验证笔迹与心理有关的说法，如"相人不如相字""见字如见面"等，尽管当时并未形成独立的科学体系，但是仍然具有独特的借鉴价值。

弗洛伊德在潜意识论中指出，人的大部分行为都是由潜意识决定的。人在书写时产生的动作，并不是杂乱无章

> 每个人的笔迹都是独一无二的，它是一个人情绪和性格的外在表现。如果你想了解一个人的内心世界，从研究他的笔迹下手，不失为一个良方。

的，而是具有其自身的潜在规律。在一次次的重复书写中，已经形成了某些无意识的动作。尽管所写的字是同一个字，但是每个人的笔迹线条都具有鲜明的个性特征。在书写的过程中，人们往往很难控制这种无意识的动作，如果一个人的书写方式和笔迹线条发生了变化，那就可以说明他的心理发生了波动。

在美国，有一家汽车公司连续发生了数起汽车发动机部件被盗的案件。经粗略计算，公司遭受的损失共达一百万美元以上。种种迹象表明，这些案件都是公司内部人员监守自盗产生的。于是，公司高层邀请了美国国际笔迹学会咨询处主任安德烈·麦克尼克拉协助调查。安德烈先是让所有的员工写出一份与被盗案有关的材料，然后通过笔迹分析，将疑点锁定在该公司的一位副经理身上。这位副经理的笔迹特征表明，在书写这份材料的过程中，他明显有些心神不宁，而且有故意伪装笔迹的现象。于是，这位副经理受到了跟踪和监视。不久之后，他就在交易赃物的过程中被当场逮捕。

类似的案例还有很多，"笔迹鉴定"称得上一项专业性极强的技术工作。通常情况下，可以从以下几个方面判断一个人的性格特征：

1. 运笔。运笔有力，说明这个人性格坚强、气魄宏大；运笔协调流畅，说明这个人善于思考，分析能力较强；运笔轻浮，说明这个人缺乏胆魄和毅力。

2. 笔风。书写速度很快，连笔较多，说明这个人精力充沛、动作迅捷；书写速度偏慢，说明这个人性情温和、极具耐心，做事很有条理性。

3. 字体。字体简洁明了，说明这个人诚实、认真，心地善良；字体独特，充满个人创意，说明这个人想象力丰富，自我表现欲很强；字体很大，说明这个人热情洋溢，在很多方面都有所长；字体很小，说明这个人全神贯注，办事缜密；字体向上倾斜，说明这个人积极乐观，进取心强；字体向下倾斜或

是忽上忽下，说明这个人情绪不稳，十分善变。

4. **整体布局**。全篇文字散而不乱，说明这个人不拘小节、包容性强；全篇文字密集拥挤，往往说明这个人沉默寡言、谨小慎微。

一个人的笔迹与其生活经历、年龄层次、文化水平、精神状态等都有一定的关系，但是在很长一段时间内，并不会发生十分明显的变化，通过观察一个人近期的笔迹，往往能够看出其最近一段时间内的情绪、心理等方面的变化。

🅞本节要点

尽管笔迹的形成会受到诸多因素的影响，但是书写者固有的性格特征依然会在笔迹中得到体现。笔迹虽然不会说话，但其中蕴藏的信息却能展现一个人的心态变化。

不同的签名，透露出不同的性格

归根结底，人的名字不过是一种代号而已。在我们降临到这个世界上时，长辈们就已经通过各种途径为我们确定了代号，我们能做的，无非是默默地接受罢了。

虽然只是代号，虽然无权决定（长大后自己改名字的另当别论），我们依然重视自己的名字，毕竟，名字中不仅蕴含着长辈的心血，更蕴含着他们的殷殷期待。

为自己起名时的大费周折很多人无从体会，但是对于签名的完美追求想必每个人都有深刻的感受。有那么一段时间，设计签名成为一种潮流，有的人在大街小巷支起小摊，为来来往往的行人设计独具特色的签名。很多人围着小摊，很高兴地为一个自己满意的签名付钱。每个人签名的方式都有自己的特点，即便是经过设计的签名，因为每个人书写的方式不同，也能从中看出一个人的性格。

1. 签名非常大。这种人往往喜欢表现自己的优点，常常能给人留下很好的第一印象。他们喜欢承担更多的工作，即便有时无法全部完成。遇到困难的时候，他们常常会选择战略性的撤退，以求保留自己的力量，等到机会出

> 有些签名十分漂亮，有些签名则不太美观；有些签名字体很大，有些签名则字体很小……签名的姿态各不相同，能够反映出的性格也是千差万别。

现的时候，再求东山再起。

2. **签名非常小**。这种人喜欢安静的环境，不愿意在公开场合抛头露面、惹人关注。他们为人比较低调，淡泊名利，与陌生人的交往比较谨慎小心。对于没有把握的事情，他们不会强求自己去做，对于自己的本职工作，他们往往可以认真负责。

3. **签名向上倾斜**。这种人通常都有很远大的抱负，他们不惧艰险，坚定执着地向着目标前进。他们往往积极而乐观，会竭尽所能克服所有的困难。他们对所有的享受都十分热衷，这也是他们不断努力进取的目标所在。

4. **签名向下倾斜**。这种人往往愿意过平凡的生活，不会追求那些虚无缥缈的东西。他们认为属于自己的东西永远都跑不了，所以不会表现出强烈的争夺欲望。他们有自己的理想，但是因为种种原因，总觉得未到实现理想的最佳时机。

5. **签名向左倾斜**。这种人具有极强的创新意识，常常可以想出一些与众不同的主意。他们性格耿直，即便在陌生人面前也喜欢表现真实的自己，他们真诚而又稍显诙谐的表现往往能够赢得众人的喜爱。

6. **签名向右倾斜**。这种人拥有十分积极的心态，自信心十足，总能表现出朝气蓬勃、和蔼可亲的一面。在与人交往时，他们喜欢主动与人接近，但是并不会将自己置于话题之中，而是身处外围，认真观察别人的一举一动，将事态的变化把控在自己的手中。

7. **签名如图案一般**。这种人通常富有艺术气息，节奏感很强。他们对自己的品位非常自信，对自己的好恶总是直言不讳，他们敢爱敢恨、敢作敢当，对自己的风格和生活方式有着独到的见解。

8. **签名中省略某一笔**。这种人通常豪爽而大气，做事时很少考虑细节方面的问题，也不会过于较真，只要面子上说得过去就行了。

在现代社会中，生活节奏日益加快，人们的时间越发宝贵，要花费大量的时间与一个人进行沟通正变得越来越不现实。想要尽快了解一个人的脾气秉性，观察他的签名是一个不错的选择。

❗本节要点

随着交际范围的扩大，我们与人的交往越来越多，也有越来越多的机会展现自己的名字，在亲口告知和发放名片之外，签名也成为一项重要的交际内容。你的签名，展现的不仅是你的名字，还有你的性格特征。

与人有效沟通，你需要一个行动指南

每天的生活和工作中，我们都会遇到很多人，通过沟通和交往，许多陌生人变成了我们的朋友、合作伙伴等。面对不同的人，我们需要采用不同的沟通方式。

在与人沟通的时候，我们不可能把每件事情都考虑得天衣无缝，出现一些疏漏也是在所难免的。为了达到更好的沟通效果，我们应该像写学习计划或是工作计划那样，给自己写一个沟通计划。在计划中，我们可以记录与沟通对象沟通到了何种程度、彼此之间存在什么问题、下次沟通的重点内容等。有了这样详细的记录，我们就可以更加准确地掌握双方的沟通状态、对方的诉求和态度等信息，这对以后的沟通具有十分重要的作用。

刘虎是一名销售经理，在工作中，他每天都要与客户、供应商等产生各种各样的联系。由于沟通的对象和业务太多，他的头脑有时难免会凌乱，张冠李戴的事情也做过一些，结果使各方都不是很满意。

为了解决这个问题，刘虎为每一个需要沟通的对象都

> 无论做什么事情，一个合理的计划都是十分必要的——它就像行动指南一样，告诉你下一步应该怎样做。在人际沟通中，沟通计划同样十分必要，而且能够起到出人意料的积极效果。

创建了沟通计划。在计划中，详细记录着与每一个人的见面时间、沟通重点、谈判进度等方面的详细内容。当他或是对方有沟通的意愿时，他便调出沟通计划，研究一下之前的沟通情况，并为本次沟通设立一个目标，做到知己知彼的同时，还能有的放矢地进行沟通。

随着时间的推移，刘虎积攒下了数量庞大的沟通计划，虽然有些销售任务已经完成，但是刘虎并不舍得丢弃自己辛辛苦苦记录的信息。这些计划已经成了一个庞大的数据库，在他遇到沟通障碍或是沟通遇到瓶颈的时候，看一看之前类似的案例，经常会让他恍然大悟。正是在这些沟通计划的帮助下，刘虎的工作越做越出色，现在的他已经成了下任总经理的热门人选。

面对庞杂的沟通问题，刘虎创建了自己的沟通计划，经过长期的总结和积累，沟通计划所起的作用已经远超刘虎的想象。拥有这样一个庞大的数据库，刘虎能够取得成功是十分自然的事情。按照计划行动往往是一种极佳的选择，这一点在人际沟通方面当然也不例外。

面对越来越频繁的沟通需要和越来越多的沟通对象，很多人都觉得手足无措，当你的头脑被各种信息充斥的时候，想要理出头绪确实非常困难。但是，如果你能为每个需要交往的人都写下一个沟通计划，那么你所需要的沟通信息就会变得一目了然，这不仅能帮你知己知彼，还能大大节约时间，从而起到事半功倍的效果。

🔴 **本节要点**

一个优秀的沟通计划，不仅能帮助我们更好地与沟通对象进行沟通，还能锻炼我们的分析能力。当我们能轻松自如地掌控整个沟通计划时，沟通对象就会不知不觉地听从我们的安排。

描绘一幅画面，更容易打动对方

对抽象的事物或深奥的知识，我们通常会产生难以理解的感觉，如果能将它们转化为逼真的画面，我们就会觉得容易理解得多，也会更加愿意去接受或学习。同样的道理，当我们能够为别人描绘画面时，当然也会更容易打动对方。

在心理学上，有一条"情感与理性宣传定律"，它的含义是，人的心理不仅有理性的一面，也有感性的一面。在宣传的时候，有时运用理性的方式更有效，有时则运用感性的方式更有效。实际上，这两种方式各有千秋，在不同的时候能够发挥不同的作用。

通常来说，在情况比较紧急的时候，运用感性的方式比运用理性的方式更容易获得成功；在时间比较充裕的情况下，运用理性的方式则比运用感性的方式更容易获得成功。

从大脑的分工方面来看，左脑主要负责理性思维，右脑主要负责感性思维。图像是一种比较具体的表现形式，容易调动人的右脑进行感性思维，所以在情况比较紧急的时候，如果可以将事情描绘成一幅画面，那就更容易获得良好的效果。

一天，一位皇家来宾拜访爱迪生，爱迪生向他介绍了自己的新发明——电。

对于"电"的概念，来宾不是十分理解，于是向爱迪生求教。爱迪生知道，如果只是讲些深奥的科学知识，来宾依然很难理解，这无异于浪费时间，于是，爱迪生说："我觉得，在我听到的所有对电的本质的解释中，一位负责维修电线的苏格兰老人说得最精彩。他说：'假设有一只腿短身长的猎狗，它的身长跟从爱丁堡到伦敦的距离一样长。这样的话，只要在爱丁堡拽一下它的尾巴，它就会在伦敦狂吠起来。'"

爱迪生采用了苏格兰老师的话，以猎狗作为比喻，将抽象的电流形象化、具体化，能令来宾的头脑中产生一幅画面，不仅便于来宾理解何为电流，也使双方的交流变得简单起来。

在我们日常的沟通活动中，当你需要描述一件比较少见或是抽象性很强的事件或事物时，可以试着为对方描绘出一幅逼真的画面，这会让对方产生更直观的感受，对你所说的话也会有更加深刻的认识。一旦有认识，可以理解，那么沟通就会变得简单很多，在人际交往中，这种方式可谓简单有效，是打动对方、赢得支持的良好手段之一。

❹ 本节要点

将抽象化为具体，这种能力并非每个人都具备，它需要全面的知识和丰富的经验作为基础，只有经过长期的历练，才能逐渐摸索出其中的技巧，才能轻轻松松获得关注、赢得人心。

群发的微信也是爱

随着科学技术的发展和社会的不断进步，人们的沟通方式也变得越来越多元化。电子邮件、电话、QQ、微信、视频聊天等方式，已经成为人们生活中不可或缺的重要组成部分。

在现在社会中，在朋友圈中点赞已经成为很多人每天必做的事情。点赞花不了多长时间，又能让对方知道我们在关注他，何乐而不为呢？再者，你给别人点了赞，别人自然也会为你点赞，这样一来一往，双方的互动就算完成了，不仅联络了感情，也提升了自己的人气，可谓一举两得。

除了点赞这种动一下手指就能完成的沟通，还有评论、微信祝福等方式，都是现代人十分热衷的沟通方式。每到逢年过节，微信总是非常忙碌，为了节约时间，很多人喜欢用群发的方式表达祝福。于是，我们常常会遇到这样一种情况：一个平时少有联系的人突然发来一条祝福信息，于是我们很高兴地向对方表示祝福，并且十分关切地询问对方的情况，但是没聊两句，对方

随着生活节奏的加快，越来越多的人喜欢用群发的微信来表达祝福，尽管很多人认为这种方式无法表达真挚的情意，但是这样做确实能够节约彼此的时间，也给彼此更多的空间。

就说有事，改天再聊。

　　面对这种情况，大多数人难免感觉尴尬，当对方以"哦""嗯"之类的词语来回应我们时，其实我们应该很知趣地选择停止交谈，因为对方的祝福信息不过是群发的而已。当然，也有些人会觉得自己受到了轻视，甚至会大发雷霆："群发一条信息糊弄我，估计他都不知道我是谁了！"产生这种想法的人，其实是在跟自己过不去，即便只是群发，它也是一种祝福，只要收到祝福，我们就应该感到高兴，不是吗？

　　在2013年的一台晚会上，贾玲、潘斌龙及王斌合作出演了一个小品，名叫《一条短信》。项大海（潘斌龙饰）和妻子（贾玲饰）是农村的一对夫妻，新年将至，项大海收到了王记者（王斌饰）发来的一条拜年短信，项大海非常激动，绞尽脑汁才给王记者回复了短信，可是王记者杳无音信，电话也无法接通，于是他急急忙忙地拉着妻子到王记者家中拜年。

　　为了避免被王记者看低，项大海与妻子提前约定，只要他一拍腿，妻子就使劲夸他。在交谈的过程中，项大海夫妻二人相互配合，妻子的夸奖显得非常浮夸，因此产生了诸多笑料。

　　经过一番沟通之后，王记者询问项大海此次前来的目的，当项大海说出是因为王记者给他发了拜年短信的时候，王记者竟然不记得这件事了。项大海拿出珍藏的短信，当着王记者的面念了起来。直到此时，王记者才想起来这条短信是群发的，在他的笑声中，项大海夫妇感觉自己有些唐突，于是匆匆忙忙地准备离开。王记者拦住二人，说："那个短信是我群发的，我一想过年了，想给你们打一个拜年的电话，可是现在城里人生活节奏快了，群发个短信方便啊。但是我想跟你们说，留在我手机通讯录里的，全是我的亲人和朋友，这群发的也是情啊！"就是这句"群发的也是情"，深深打动了项大海夫妇，两个人和小王的关系瞬间变得亲近起来，沟通的氛围立刻变得轻松起来。

这个小品深刻地反映了当时的社会现实，在生活节奏日益加快的今天，很多人更加习惯于群发祝福，不同的就是由短信变成了微信而已。群发的微信虽然没有经过深思熟虑，也没有明确的针对性，但是它背后反映出的，依然是"留在我手机通讯录里的，全是我的亲人和朋友"。从这一点来说，只要对方给你发了消息，至少说明他还没有彻底遗忘你，你还是他生命中的重要组成部分。想要拉近双方的关系，增深双方的感情，你就应该以这条微信为契机，向对方表现出自己的诚意。如果你只是一味地抱怨对方，那对沟通没有任何帮助。

⚠ 本节要点

面对群发的微信，很多人的第一反应是不予理会甚至反感，实际上，无论是何种形式的祝福，我们都应该感恩。以感恩的心态对待别人，往往能够收获更多的朋友。

会议笔记的好坏，与升职机会息息相关

在现代职场中，开会已经成为一项不可或缺的工作内容。通过会议，公司高层将公司的发展计划和目标传达给公司员工；公司员工则根据会议的内容去判断下一步的工作重点，做好自己的本职工作。

在内容繁多、耗时较长的会议上，人们通常需要做一些笔记。记下会议进程和要点，不仅有利于帮助记忆，还能在会议之后进行温习和巩固，对会议内容产生更加深刻的认识。

克鲁斯和哈登都是刚刚毕业的大学生，两个人在同一天得到了在同一家公司工作的机会。刚刚进入职场，两个人都有些不习惯，而且与公司的前辈不太熟悉，所以两个人的关系相对近一些，遇到工作方面的问题，两个人会进行讨论，在学习中共同进步。

克鲁斯头脑非常灵活，做事情的时候能够举一反三，常常能够想出很多精彩的创意，但是有时做事不太细致，而且喜欢改动已经确定的工作方案。哈登则非常稳重，工

有些人或许认为，会议笔记不过是记录会议的主要内容而已，只要自己看得明白就可以了，可是你是否想过，会议记录的好坏，或许直接关系着你能否得到升迁的机会。

作时总是按部就班，无论领导安排什么工作，总能保质保量地完成，虽然没有大的突破，却也没有大的过失。进入公司三年，两个人都为公司做出了不少贡献。在部门经理升迁的情况下，他们两个成了接替经理职位的最佳人选。

一天，董事长亲自召开会议，表面上是总结公司最近一段时间的运营情况，实际是要考察一下克鲁斯和哈登，看看谁才是合适的部门经理候选人。

会议进行的过程中，克鲁斯和哈登都在笔记本上做着笔记，但是做笔记的方式有很大的不同。克鲁斯的笔记十分潦草和凌乱，会议的要点记录得也不全面；哈登的笔记则工整而清晰，会议的要点罗列详细，一目了然。

会议结束之后，董事长特意来到克鲁斯和哈登身边，看了一下他们所做的笔记。

"这个笔记写得很有特点啊，我都看不太懂。是不是有什么不想让别人知道的秘密，所以故意这样写的？"董事长问克鲁斯。

"哦，那倒不是。我自己写的我自己能看懂就行了，所以没有特别认真地写，而且这样比较节约时间。"克鲁斯不好意思地说。

"你的这个笔记做得很细致嘛，我一下就看明白了。"董事长边看哈登的笔记边说。

"嗯，我怕以后忘了，写清楚点以后方便看。"哈登说。

"嗯，你们两个都不错，各有各的特点！继续努力啊！"董事长对克鲁斯和哈登说。

"我们一定继续努力！"克鲁斯和哈登几乎异口同声地说。

会议之后没几天，公司的任命下来了。哈登成为新的部门经理，克鲁斯则在原来的职位上继续自己的工作。

克鲁斯有些想不明白，论能力，他不比哈登差，论业绩，他比哈登强了不少，论头脑，他也比哈登灵活许多，为什么最后当上部门经理的却是哈登？后来，他找之前的部门经理了解了情况。原来，董事长看完两个人的笔记之后，认为克鲁斯做事有些轻浮，如果让他做部门经理，很可能出现决策上的错误，他的作风也会对整个部门产生不良的影响；哈登虽然创新能力不足，但是在工作方面一丝不苟，这种习惯会让整个部门的员工都变得细致起来，工作质量一定会有所提升。两相比较，董事长认为哈登更适合做部门经理。

看过这个案例，你还认为会议笔记不重要吗？当你想了解一个人是否能够担当重任时，你可以研究一下他的会议笔记，从中你就能看出他的性格，虽然不能仅仅将它作为依据，却能从侧面得到一些信息，充实你的判断佐证。

❶本节要点

身在职场中，做会议笔记是每个人都要从事的工作，这个工作看似简单，实际上也需要一定的技巧和智慧。懂得运用技巧，不仅能够节约时间，也会给别人留下美好的印象。

创建人事档案，有利于精准"打击"

在美国，有这样一句俗语："一个人是否能够成功，不在于你知道些什么，而在于你认识些什么人。"这句话并不是说专业知识不重要，而是强调人际关系的重要性。要知道，即便你是千里马，没有赏识你的伯乐，那么你也只能"泯然众人矣"。

俗话说"多个朋友多条路"，人际关系越好的人，越能得到更多朋友的帮助，进而得到更多的资源，所以他们的事业往往更容易取得成就，更可能成为人生的赢家。然而，人际关系的建立，并非一朝一夕的事情，想要赢得更多的朋友，最好的办法就是让对方知道我们在关注着他。

著名的推销员乔·吉拉德曾经说过："无论你推销的是什么，最有效的方法就是让顾客相信——真心地相信——你喜欢他，关心他。"在乔·吉拉德看来，顾客对推销员产生的好感越多，推销成功的可能性就越大。想让顾客发自内心地相信你喜欢他、关心他，那就要尽可能多地搜

我们每天都要接触各种类型的人，想要记住每个人的特征，确实非常困难。这时，我们需要创建属于自己的人事档案，记录下有交往意愿的人的信息，便于在适当的时候进行联系。

集所有与顾客有关的信息，如生日、兴趣等，并将这些信息整理成人事档案，然后在特定的时间给他送去问候，让他知道你始终挂念着他，这样他自然也会时时想起你。在他们需要购买商品的时候，他第一个想起的当然就是你了。

乔·吉拉德基本上每个月都要给自己的客户邮寄卡片，平均下来每个月寄出的卡片多达两万张。而且，乔·吉拉德并不会在每张卡片上都写上相同的文字，或是为了省事，直接打印卡片，而是根据不同的客户写上不同的内容。或许有人会产生疑问，邮寄卡片本身就是一项浩大的工程，哪里还有更多的时间去见客户呢？实际上，对乔·吉拉德来说，这项工作并不是十分困难，因为他建立的人事档案里已经有了详细的信息，他只要根据信息填写就可以了。再者，乔·吉拉德给客户写卡片，本身就是一种推销自己的方式，当客户收到贴心的问候时，必然对他产生更多的好感。虽然乔·吉拉德没有直接面见客户，但是他的形象已经深深印在客户心里，当有需要的时候，他毫无疑问会是客户的首选。

乔·吉拉德认为，推销员就应该像一台摄像机一样，在与顾客沟通的过程中，要能够录下顾客的一言一行、一举一动，并从中挖掘出更多的有利于进一步交往的潜在信息。

同样的道理，在与人沟通时，我们也要首先了解对方的信息，然后才能有的放矢地与其进行沟通。毕竟，不同的人会有不同的喜好和兴趣，对不同的事物也会有不同的看法，将各种信息整理成人事档案并时时进行更新，对人脉资源的管理和利用来说，算得上一个省时省力而且针对性很强的好方法。

没有人天生就有朋友，也没有人从一开始就有庞大的人际关系网，这些都是经过后天的努力一点一滴实现的。人与人之间，时时刻刻都在发生着联系，任何一个人都可能成为你的朋友，只是，这需要你自己去尝试和努力。创建适

合自己的人事档案，会为你的人脉扩展起到极大的推动作用。

⚠本节要点

俗话说："好记性不如烂笔头。"当我们无法用头脑记下与交际对象有关的信息时，不妨创建一个人事档案，不仅能节省脑力，也能更加便捷和有效地管理自己的人脉资源。

第九章

潜心修炼，实用技巧助你变身沟通达人

对于许多人来说，与人沟通是让人非常头疼的事情。诚然，沟通不是一件很容易的事情，它不仅需要长期的磨炼和总结，更需要一些实用的技巧来提升沟通能力。可以说，任何一个沟通高手，无不善于运用技巧，善于以技巧推动沟通活动。总之，想要变身沟通达人，掌握一些实用技巧无疑是必备的因素之一。

不善言辞≠失败

在这个世界上，无法找到完全相同的两片树叶，也无法找出性格完全一模一样的两个人。无论是内向性格的人，还是外向性格的人，都有获得成功的可能。仅仅因为某个人性格内向就判定他无法取得成功，这没有任何科学依据。究其原因，是很多人将性格和品格混为一谈。

在有的人看来，内向是一种不良的品格，内向的人应该将这种"毛病"彻底消除。由此，很多内向的人受到众人的轻视甚至是嫌弃。久而久之，人们对内向这种性格产生了误解。在这种环境中成长起来的内向者，难免对自己产生怀疑，以至于不敢大胆展现自己，即使拥有极强的能力，也宁愿默默地隐藏起来。

在人际交往的过程中，或许内向的性格会对交往的对象产生一定的影响。单就性格层面而言，外向者确实具有某些优势。他们热情奔放，永远充满活力，很容易成为交际场合的焦点，但是交往对象更多关注的还是品格。可以说，品格优秀的人，无论性格如何，都会给交往对象留下较好的第一印象。

有人认为，外向性格的人更容易获得成功，内向性格的人则会逐渐被社会淘汰。这一看似颇有道理的说法，实际上根本经不起实践的检验。

相对而言，内向性格的人想要获得成功，可能需要更长的时间，整个过程也更加漫长，但是这并不代表内向的人就注定只能接受失败的命运。在美国历史上，有一位家喻户晓的伟大总统——林肯。出于家庭贫困的原因，林肯小时候十分内向，但是经过个人不懈的努力之后，他终于成为美国总统，并力主推翻了奴隶制，在美国历史上写下了浓墨重彩的一笔。林肯所取得的成就，很多外向性格的人根本难以望其项背。

从林肯的例子可以看出，内向的性格并不妨碍一个人获得成功，只要内向的人相信自己，敢于拼搏和争取，成功早晚都会到来。

实际上，内向性格和外向性格之间的差异，并不像人们想象的那般巨大。就性格本身而言，并没有所谓的好坏之分，差异仅仅在于思维方式和言行举止的不同表现而已。尽管性格是与生俱来的，难以发生改变，但是在长期的适应和成长过程中，性格多多少少会发生一些改变。常言总说"江山易改，本性难移"，虽然很难，但是只要肯下功夫，迎难而上，终究能够变成更优秀的自己。

ⓘ 本节要点

与外向者相比，内向者在有些方面处于劣势，但是在有些方面则处于优势。所谓"尺有所短，寸有所长"，只要内向者相信自己，同样可以获得成功的人生。

善于倾听的人更受欢迎

在社交场合中，并不是所有的能说会道者都能成功，都会受人欢迎，因为有些能说会道者喜欢滔滔不绝，从不顾及别人的感受，而不善言辞者恰恰相反，因为话少，所以有更多的机会和时间去倾听对方，令对方感受到尊重。从这个角度上说，不善言辞者具有成为沟通高手的潜质。

在社交场合中，学会听人说话是让自己受到欢迎的好办法，多听少说往往比多说少听具有更加出色的效果。真正有智慧的人，往往只要几句话就能准确地表达自己的意思；那些喜欢滔滔不绝的人，可能因为说得太多而失去了主题，说了半天也没说出所以然来。

格林和乔治是销售部的同事，两个人的性格截然相反。格林表达能力极强，乔治则不善言辞。

一天，格林对乔治说："乔治，你应该改改自己的性格，学得外向一点。遇到顾客的时候，你总是不爱说话，这样怎么能把产品销售出去呢？你应该向我学习。"

"向你学习是没错，毕竟你的经验比我丰富。但是

> 在沟通中，能说会道者往往喜欢滔滔不绝，不善言辞者则喜欢静静地倾听，两种不同的性格表现相较，不善言辞者往往更受欢迎，因为每个人都想让别人听自己说，而非自己听别人说。

要改性格，我不认同。无论善不善于说话，都能在销售中发挥作用。"乔治说道。

"不善言辞真的不好，如果我们同时向一位顾客推销产品，我想我会比你更早推销出去。因为我能在很短的时间内向顾客介绍产品的特点，让顾客对产品有全面的认识。"格林有些扬扬得意。

"你说的也许是对的，但是并非所有的顾客都会这样。既然是沟通，就要有人说有人听，在某些情况下，我这样善于倾听的人或许会更受欢迎。"乔治毫不示弱。

"如果你仅从性格方面来断定推销的效果，这未免有失偏颇。"乔治接着说，"虽然我的表达能力欠佳，整个表现也显得有些笨拙，但是这让我看起来更加真实，所以更容易赢得顾客的信任。而你呢，尽管能够口若悬河地介绍商品，可是难免让人产生夸大其词的感觉，反而让人觉得不可信任。所以，到底谁能更早把产品推销出去还不一定。"

听了乔治的话，格林不得不对乔治刮目相看。他从没想过，不善言辞的人竟然也有如此多的优点。

事实就是如此，一个人想要与别人进行良好的沟通，仅仅会说是不够的，也要学会认真倾听。在倾听方面，不善言辞的人天生具有优势，尽管这种倾听是性格原因造成的，但是其效果却是实实在在的。

❗本节要点

很多情况下，我们找人聊天，只是希望找到一双安安静静地倾听的耳朵，以便于宣泄自己的不满情绪，而不善言辞者就是极佳的倾诉对象，因为他们善于倾听。

先理解对方，对方才会理解你

每个人的内心深处，都希望自己能够被人理解、关注和认同。但是很多人在评价别人的时候，往往只是从自己的角度出发，常常带着浓厚的个人好恶。比如，当你的心情不好时，看到什么东西都觉得不好；在心情很好时，通常会觉得世界上的一切都是美妙的。

很多人觉得没人会比自己更了解自己，但是现实情况往往并非如此。在生活中，对一个人的评价不仅取决于他自己内心的感受，还要综合外界对他的各种评价。然而，诚如莎士比亚所说的"一千个人眼中有一千个哈姆雷特"，当每个人都带着个人感情去评价别人的时候，通常很难得出公正和客观的评价。

在评价别人方面，不善言辞者往往做得更好，因为他们往往善于自省，总能从别人的角度思考问题。他们深深懂得"己所不欲，勿施于人"的道理，因此对别人有着更多的理解和认同。

> 对同一件事情，每个人都会有不同的看法，很多时候，看法本身并没有对错之分，因为只是看待事情的角度不同而已。不善言辞者更懂得自我反省，也更懂得站在对方的角度上考虑问题。

阿强是一名大学生，性格十分内向。他平常喜欢一个人静静地读书，和同学们的交往并不是很多。

由于每天都在书海中徜徉，阿强的学习成绩总是名列前茅。可是因为不善言辞，他不愿意参加集体活动，因此不少同学对他颇有微词。

一年一度的合唱节活动即将拉开帷幕，学校要求所有班级都要参加。为了获得好成绩，阿强的同班同学都积极地练习，每天放学之后，同学们都要在教室练习一段时间。可是阿强呢，一到放学时间就收拾书包离开教室，从不参加合唱活动。

一天，大壮同学拦住了阿强，说："你为什么总是这么着急走？集体活动你都不参加，你到底是不是这个班集体的一份子？"

阿强结结巴巴地说："说起唱歌，我肯定是比不上大家，我不敢在台上唱歌，根本就张不开嘴。如果我去参加，恐怕会拖了大家的后腿，如果因为我一个人而影响了班级的成绩，我就太对不起大家了。"

大壮不听阿强的解释，继续说："我看你就是成心的，你是趁着大家练习曲目的时候去学习，然后好拿奖学金吧？"

同学们听到大壮的话，也都凑过来，附和着大壮，一起奚落阿强。

看到同学们的态度，阿强心中有些不快，但他并没有发作，而是以轻松的口气对大家说："我知道自己唱歌不行，所以只能在学习方面努力了，如果真能拿到奖学金，那也是给班集体争光啊！到时候，我一定请大家吃饭！如果大家确实需要我为合唱节出一份力，那么我就给大家做好后勤工作，你们说行不行？"

听了阿强的话，同学们不好再多说什么。联想起平时的情况，同学们就没有再强求阿强参加合唱。

作为班级的一份子，阿强应该参加集体活动，他自知自己的做法不对，所以没有正面和大壮起冲突。他能理解大壮为何会有那样的想法，能够体会大壮心中爆发出的集体荣誉感。当阿强以理解大壮的姿态出现时，大壮自然也对阿

强有了更多的理解。

现代社会中，竞争成为主要话题，很多人习惯于针锋相对，甚至带着"以眼还眼，以牙还牙"的心态与人相处。当对方说"你怎么这么自私"时，很多人会不假思索地反击："你以为你不自私啊？"如果双方都保持敌对的姿态，那么沟通自然难以进行下去；如果有一方保持克制，另一方自然会放松下来，沟通也就成功了一半。

不善言辞者通常沉默寡言，但是他们懂得站在对方的立场上考虑问题，更善于自我反省，积极地寻找问题的根源，一旦找到症结所在，所有的问题都将迎刃而解，必然能够达到预期的沟通效果。

● 本节要点

一方面，每个人都渴望别人理解自己；另一方面，很少有人试着去理解别人。这是每个人心中都有的矛盾，如果可以更好地处理这个矛盾，你的人际关系网一定会越织越大。

适当沉默才是金

对于"沉默"，人们有各种各样的看法：哲学家认为沉默是成熟的表现，思想家认为沉默是一种高尚的美德，教育家认为沉默是一种高深的智慧，艺术家认为沉默是一种巨大的魅力，科学家认为沉默是一种伟大的发明。

太阳从不说话，但是它给世人带来光辉；高山从不言语，但是它让世人知道什么叫作巍峨；江河未有只言片语，但是它给世人带来生机……真正的伟大，是不需要言语来表达的。做人也是同样的道理，沉默之中显现出的人格魅力，比滔滔不绝地说话更加具有说服力。

在现实生活中，人们的实践已经证明，沉默确实是一种难能可贵的心理品质和颇受赞扬的为人处世之道，因此，"沉默是金"便成为人们颇为推崇的真知灼见。然而，世间还有这样一句话，叫作"真理往前一步就是谬误"，沉默过度反倒会失去沉默的美感和魅力。

如果一个人一味地沉默，他就无法和周围的人进行沟通和交流，使得身边的人无法了解他，令他的生活失去应有的滋味，生活圈子变得越来越小，最终无法融入社会生活中。

中国有句古话叫作"沉默是金"，它是人们对"沉默"这一语言形态的赞誉。很多人将它视为座右铭，认为君子就应当少说话，不能轻易开口。

张龙是一个十分自信的人，对于那些与自己兴趣不同的人他总是以沉默应对，在他看来，这种方式不仅不用和自己不喜欢的人说话，也能显示自己的高深，也不至于给对方造成太大的伤害。

在与人交往的过程中，张龙始终坚持自己的原则，将沉默当作自己的撒手锏，面对那些不想交往的人他会一言不发，无论对方说什么他都不予回应，让对方完全无法了解他的想法。面对这种局面，对方只能知难而退，不再和他交流。张龙感觉自己的处理方式十分完美，但是在那些想与他交流的人看来，张龙却是一个十分高傲、冷漠无情的人。随着交往的不断增多，越来越多的人对张龙产生了不佳的印象，张龙的交际圈子变得越来越小，朋友越来越少。当他发现这个问题并想要与人进行沟通、恢复关系的时候，已经没有人愿意倾听他的想法了。张龙对沉默的错误看法使得他的交际活动受到了极大的影响，人生之路也因此越走越窄，变成自己不愿看到的那副模样。

从张龙的经历中可以看出，沉默并不是简单的不愿说话或是不屑于说话，而是要在该沉默的时候沉默。选择合适的沉默时机，找到准确的沉默场合，才能将沉默的力量发挥到最大化，才能达到"此时无声胜有声"的效果，这种沉默才是有价值、有意义的沉默。

倘若说话是一种语言的艺术，那么沉默就是一种比说话更加高深的语言艺术。我们应当更加谨慎地对待沉默，而不是自作聪明地以为沉默就是不说话而已。

❗本节要点

沉默的巨大力量只有在恰到好处的时候才能展现出来。无论面对成功、快乐，还是失败、痛苦，生活中都有需要保持沉默的时刻。恰当运用沉默是深奥的智慧，散发着巨大的魅力。

长话短说更能抓住对方的心

在实际生活中，我们常常会遇到一些说话很"细致"的人，很简单的一件事情，他们往往会翻来覆去地说很久才能说完。

这类人并非刻意啰里啰唆，而是他们认为话说得越细越容易让对方明白自己的意思，也更容易说服对方。殊不知，提炼出讲话的要点，长话短说，更能抓住对方的心，在交际中更易得到对方的喜爱。

贝托尔特·布莱希特是德国著名的诗人和戏剧家，他对那些过程冗长、单调乏味的会议十分反感，通常不会接受类似的会议邀请。

有一次，主办方邀请贝托尔特·布莱希特参加一个作家会议，并请他在会上致开幕词。毫无疑问，他选择了拒绝。主办方不死心，三番五次地找各种理由邀请他，贝托尔特·布莱希特只好接受了邀请。

会议召开的那天，贝托尔特·布莱希特按时来到了会场，但是他并未前往主席台就座，而是静静地坐在会场后

生活中总有这样一种人，讲话时十分"细致"，要将每一个词、每一句话都掰开揉碎地说，生怕对方无法理解自己的意思。实际上，太多"细致"反而会失去重点，令讲话失去光彩。

排。主持人发现他后忙请他到主席台就座，几经推辞后，贝托尔特·布莱希特很不情愿地坐到了主席台上。

这时，主持人开始了长篇大论，先是滔滔不绝地讲了一些与会议主题并没有什么直接关系的话题，然后才想到对与会者表示欢迎，并邀请贝托尔特·布莱希特致开幕词。贝托尔特·布莱希特早就心生厌烦，只见他迅速站起来，快步走到麦克风前，说了一句："我宣布会议开始！"然后他就走回自己的座位并坐了下来，搞得主持人和与会者面面相觑。

这个案例中的主持人就没有掌握好说话的分寸，不懂得长话短说，没有讲出主题，因而使听众们十分反感，交流的效果大打折扣。

当然，长话短说的方式针对的对象是相对比较熟悉的人。如果面对的是陌生人，短短几句话后就直奔主题难免令对方感觉唐突，交流的效果自然不会太好。通常情况下，在比较正式的场合，如谈判、演讲等，一语中的、点出重点能迅速吸引他人的注意力，达到较好的说服效果；一味地长篇大论会使讲话变成流水账，无法突出重点。

❗本节要点

长话短说是一种极强的语言能力，需要在生活中不断培养和提升。只要抓住讲话的重点，就能很容易抓住交往对象的注意力，达到意想不到的良好效果。

知己知彼，百战不殆

《孙子·谋攻》有云："知己知彼，百战不殆。"这句话的意思是，只有深入地了解自己和敌方的情况，才能掌控全局，赢得战争的胜利。

虽然现在已经是和平年代，战争离我们的生活已经十分遥远，但是这句话依然适用于这个时代，其引申意义依旧对我们的生活具有重要的指导价值。例如，在参与工程投标时，如果能够了解竞争对手的运营情况、资产现状等，就可以分析对手可能的报价，然后根据自身情况给出更具有竞争力的报价，那么赢得投标的可能性无疑更大一些。再如，在人际交往中，我们只有在了解对方和自己的情况下，才能决定是否要继续交往或以什么方式进行交往。

丽娜是一个办公室白领，她和丈夫养育了一个十分可爱活泼的女儿，名叫依依。夫妻二人觉得养一个孩子已经够累的了，所以坚决反对再要二孩，而且三口之家非常幸福，等依依长大成人，他们也不算太老，到时候就可以四

只有深入地了解对方，才能在最恰当的时间、最恰当的地点说出最恰当的话。只要你的话能够直达对方内心深处，那么沟通甚至说服对方就会易如反掌。

处旅游，生活一定非常惬意。可是，夫妻双方的父母都希望夫妻俩再要一个孩子，毕竟国家已经放开了二孩政策，再生一个孩子也算给孩子找个伴。就这样，夫妻二人和父母们僵持不下，无论父母们说什么，夫妻二人都无动于衷。

然而，由于家庭出现变故，夫妻二人受到了触动，最后决定再生一个孩子。

原来前段时间，丽娜的母亲因突发脑血栓导致偏瘫，作为独生女的丽娜只能暂时放下工作，全身心地照顾自己的母亲。然而，祸不单行，没过几天，丽娜丈夫的母亲也身染重病，卧床不起。这下，丽娜不仅要同时照顾两个老人，还要抽出时间照顾女儿，她肩上的担子更重了。仅仅一个月的时间，丽娜就瘦了十几斤，人变得十分憔悴，甚至冒出了白头发。

三个月后，丽娜丈夫的母亲不幸去世，丽娜的母亲也有了一些自理能力，丽娜才算轻松了一些。看着瘦削的女儿，丽娜的母亲又说起了生二孩的事情："丽娜，你看你瘦的，都没人样了。有句话我说了你可能不高兴，但是我还是想说。这三个月的时间，你实在太累了，如果你有个兄弟姐妹，那么你身上的担子就会轻很多。你现在经历的事情，依依长大之后同样需要面对，你想想，她到时候得多累啊！我知道生孩子很辛苦，可是现在累一点，依依以后就能轻松一些，你也不至于只能指望一个孩子。你不想再生一个孩子我能理解，但还是希望你能认真地考虑一下我说的话。"

听完母亲的话，丽娜陷入了沉思。回想起三个月来的点点滴滴，她的心态发生了变化。确实，如果家中再出现什么变故，她无论如何都应付不了。为了依依以后的幸福，自己现在苦点、累点也是值得的。丽娜将自己的想法和丈夫说了，两人商量之后决定再生一个孩子。

母亲知道丽娜三个月来所经受的煎熬，理解她"想找帮手却没有"的种种无奈，于是趁机分析了依依今后可能面临的窘境，终于成功说服了丽娜。

很多事情，只有亲身经历之后才能了解其中的酸甜苦辣。想和对方进行良好的沟通甚至说服对方，就要了解他内心深处的感受，这样才能提高成功率。

🅐 **本节要点**

如果你对对方的情况一无所知，却要想方设法地说服对方，那么你所做的一切都是徒劳无功。先了解对方的情况，再进行有针对性的说服，成功率就会有很大的提升。

巧装糊涂，刁钻问题无形化解

在中国社会中，"难得糊涂"是一条备受推崇的处世警言，其中蕴含的深刻哲理在很多方面都具有积极的指导意义。以"装糊涂"的方式处世不仅可以避免伤害对方，也能很好地保护自己。

莎士比亚曾经说过："装傻装得好也是要靠才情的。他必须窥伺被他所取笑的人们的心情，了解他们的身份，还得看准了时机；然后像窥伺眼前每一只鸟雀的野鹰一样，每个机会都不放松。这是一种和聪明人的艺术一样艰难的工作。"可见，会装糊涂的人往往是具有大智慧的人。

有这样一种说法："聪明有大小的分别，糊涂有真假的不同。"尽管聪明有大有小，糊涂有真有假，但是无论哪种情况，它们都能显示人的智慧，都是沟通中不可或缺的技巧。

在小事上聪明、大事上糊涂的人，那是假聪明、真糊涂；在大事上聪明、小事上糊涂的人，才是真聪明、假糊涂。为什么说假糊涂的人才是真聪明呢？生活在社会中，我们总会遇到各种各样的人，被问到形形色色的问题。如果以诚实的方式对待每一个人，有时难免会使双方陷入尴尬境地。如果我们能在适当的时候装一下糊涂，不仅能让对方满意，也会让自己变得轻松一些。

在装糊涂方面，很多名人都是个中好手。有些记者提出的问题确实非常刁钻，让名人们难以给出正面回答，此时，他们就会使出装糊涂这个撒手锏，将刁钻的问题巧妙地化于无形之中。

NBA赛场上有一位著名的球员，名叫安东尼。如今他效力于纽约尼克斯队，是球队的当家球星。

在NBA联盟中，安东尼效力的第一支球队是丹佛掘金队，在这里，他从一个"菜鸟"逐渐成长为全明星球员，但是，由于球队一直没有大的突破，安东尼动了更换球队的心思，想到一支实力更强的球队去追逐自己的总冠军梦想。这个消息刚一出来就引起了各家媒体的关注，记者们更是抓住所有的机会想要从安东尼口中挖出一点消息。

在一次品牌活动中，记者们将安东尼团团围住，不断询问关于他换队交易的事情，但是安东尼严守口风，记者们一无所获。

这时，一个球迷大声喊道："安东尼，我们欢迎你到纽约来！我们都需要你！下个赛季，你会不会来？"

安东尼听到球迷的喊声，冲球迷笑了笑，用力挥了挥手，但还是什么都没说，就像没听到他说了什么似的。

记者们没有得到想要的答案当然不会死心，继续问道："安东尼，据说一个月前你就已经收到了一份三年期的新合同，是吗？"

"这个嘛，大家都知道，我手上有一份三年期的合同（与丹佛掘金队签订的），我一定会认真执行完的。"安东尼虽然说话了，但是没有谈新合同的事，而是混淆视听，将新旧合约混为一谈。

对于这样的答案记者们已经习以为常了，于是他们又采取迂回战术，侧面打探安东尼的最终去向。

"安东尼，你一直和波什、詹姆斯及韦德在一起，你们是不是一个组合？你会不会和他们在同一家俱乐部效力？"又有一位记者问。

安东尼看了看身边的波什、詹姆斯和韦德，说："这个问题，恐怕你得去问他们。"

说完，安东尼立刻严肃地说道："今天活动的主题是与孩子们交流，并筹集善款，至于其他的事情，应该以后再说。这就是我的答案。"

尽管记者众多、问题尖锐，安东尼却没有泄露一点消息，这和他装糊涂的做法是有着紧密关系的。

在实际生活中，我们也难免遇到自己不想回答或是不好回答的问题。如果直接拒绝回答，很容易伤害对方的感情，影响我们的人际关系；如果选择顾左右而言他，以装糊涂的方式敷衍过去，往往能够达到不伤人也不自伤的好效果。

⚠本节要点

运用装糊涂的沟通方式，不仅能保持风度，维护良好的形象，也不会让自己为难，同时还可以让对方看到我们机智的沟通技巧，可谓一举多得，是沟通中的不错选择。

用一杯水浇灭对方的火气

在人际交往中,我们很多时候会遇到一些脾气暴躁的人,他们就像炸药桶一样,说不定什么时候会"爆炸"。

很多人都觉得这类人不可理喻,不愿与他们交谈,颇有些避之唯恐不及的意思。但是,如果你对他们置之不理,反而有可能引来更大的不满,甚至令他们大发雷霆。

韩旭是一名手机销售员,每天要面对许许多多前来选购手机或是拿着手机前来维修的客人。

一天,韩旭正在接待一位买手机的客人。突然,销售大厅门口出现一个人影,众人还没看清她长什么模样,她那尖厉的声音已经传了进来:"这是什么破手机啊,昨天刚买的,今天就不能打电话了!"

销售大厅中的销售员和顾客都被这声音吓了一跳,纷纷转头去看,原来是一个五六十岁的阿姨,一边晃着手机,一边气呼呼地走进来。

阿姨走到服务台,一下把手机扔在服务台上,说:"赶紧给我看看这手机是怎么回事,昨天还好好的呢,今天怎

尽管每个人的脾气秉性不同,但都有生气的时候,当对方火气很大时,与之争辩并不是最好的缓解矛盾的办法。在适当的时机递上一杯水,往往能起到出人意料的效果。

么就不行了？"

接待员细声细气地说："您稍等，我找人帮您看一下。"

刚刚过了几分钟，阿姨就有些着急了："怎么回事？这么久还没找出原因？"

"您稍等一下，我去帮您问一下。"接待员说着走进了检测室。

"磨磨唧唧的，一点效率都没有。"阿姨自言自语道。

又过了几分钟，接待员拿着手机出来了。

"阿姨，手机是被摔坏了。"接待员边说边把手机递到阿姨手里。

"怎么可能？我都没动它，怎么会摔着呢！是你们的手机质量不行吧！"阿姨的情绪越发激动起来。

无论接待员怎么解释，阿姨都不依不饶，始终声称自己没摔，把整个销售大厅都搅得鸡犬不宁。

了解了大致的情况之后，韩旭拿着一杯水走了过去。

"阿姨，您先喝杯水。不着急，咱慢慢说。"韩旭恭敬地递上一杯水。

阿姨先是愣了一下，然后接过水一口气就喝完了。

"要不要再来一杯？您来了半天也没给您倒水，实在不好意思！"韩旭诚恳地道歉。

"这倒没关系，只要能把手机修好就行了。"阿姨的情绪稳定了一些。

"修肯定是没问题的，但是具体怎么坏的还是要确定一下啊。您看这样好不好，您回家问一下，看看是不是谁不留神碰掉了您的手机。我们也好好地再检测一遍，看看还有没有其他的问题。"韩旭耐心地和阿姨商量。

"嗯，好吧。"阿姨回应道。

面对大发雷霆的阿姨，韩旭没有选择争辩，而是递上一杯水。千万不要小瞧了这杯水，它主要的作用不是帮阿姨润喉，而是给她压压火气。在喝水的这段时间，阿姨的心情会平复一些，自然就无法延续之前的"爆发"了。

与人沟通时难免出现因意见不合而发生争吵的情况，为了缓和双方的矛盾，适时地递上一杯水，说上一句"喝杯水"，对方的火气立刻会消失大半。

其实不仅仅是"喝杯水"，"喝杯茶""吃点水果""看看报纸"之类的话都有相同的功效，只要能够合理运用，脾气暴躁者最终都能心平气和地与你交谈下去。

❶本节要点

对于那些脾气暴躁、经常忍不住大发雷霆的人，置之不理会让他们觉得受到轻视，反而会更加猛烈地发泄自己的不满。用一杯水创造一个让他们休息的机会，往往能让他们的怒火自动熄灭。

到什么山头唱什么歌

有句俗话叫"见什么菩萨卜什么卦，看什么对象说什么话"，意思是说，说话的时候要因人而异，针对不同的人要有不同的说话方式。

或许有人觉得，"见什么人说什么话"是一种圆滑和虚伪的表现，并不值得提倡，但是这种表现实际上是一种高超的交际能力。

有些人尽管有很强的语言表达能力、有非常出色的口才，但往往不懂关注别人，容易以自我为中心，在交谈的过程中只会说一些自己关心的话题，对自己的交谈对象却很少关注，这样沟通的效果肯定不会太好。想要获得更好的沟通效果，首先应该改变自己的说话方式。

与长辈说话时，应该怀着尊重的心态；与同辈说话时，应该怀有亲切的感情；与晚辈说话时，应该表现自己爱护的心情；与朋友说话时，应当体现真诚的态度；与上司说话时，应该体现敬重的姿态；与下属说话时，应该表现得自然威严。

另外，也可以根据沟通对象不同的年龄段、职业类型

面对不同的人采用不同的说话方式，并不是一种虚伪的表现。根据每个人不同的特点有针对性地进行表达，这是对对方的一种尊重，体现了说话者的细致和用心。

或兴趣爱好等进行区分，只要能根据不同的对象谈及对方感兴趣的话题，那么就能很容易引起对方的兴趣，顺利达到沟通的目的。

有一位非常有名的理发师就很会根据不同的情况说不同的话，让所有顾客都能满意而归。

第一个顾客理完发之后说："我觉得头发好像有点长啊，是不是应该再修剪一下？"理发师笑呵呵地说："稍微长一点，能够显出您的含蓄，这叫藏而不露，很符合您的气质啊！"

第二个顾客理完发之后说："我的头发理得有点短了吧？好像要秃了似的。"理发师笑容可掬地说："哪儿啊！这个长度显得精神，别人一看就知道您是个精明干练的人。"

第三个顾客理完发之后说："师傅，您这手艺挺好，就是用的时间太长了。"理发师面带笑容地说："头发是一个人的门面，多花点时间也值得，这也是慢工出细活啊！"

第四个顾客理完发之后说："师傅，您的手艺不错，只是您剪得太快了，怎么不细致点呢？"理发师笑容满面地说："时间就是金钱，您的时间宝贵，所以得帮您省着点。"

无一例外，四个顾客都对理发师的回答十分满意。面对不同的人和不同的要求，理发师以各种不同的话给予回应，让每个人都心生喜悦，无疑具有一种高超的说话艺术。

想要像理发师一样拥有这种高超的说话艺术，就必须加强自身的学习，提升个人的修养，在社会交往中要考虑交往的广泛性，对各种不同文化有所了解。

另外，如果能对对方的兴趣和爱好有所了解，无疑能够更加精确地说出对

方感兴趣的话。因人而异的说话方式不仅能体现我们的良好素质，更能令对方感受到信任和尊重，进而改善我们的人际关系，获得良好的口碑。

本节要点

并不是每个人都能针对不同的人恰如其分地说出不同的话，这是一种难能可贵的语言能力，想要拥有这种能力不仅需要丰富的知识和阅历，也需要长期的积累和磨砺。

沟通的本质，是一种角色的互动

从本质上说，沟通实际上是一种角色之间的互动。只要沟通双方找对了自己的角色，站对了自己的位置，那么双方的关系就能理得更顺，沟通活动就能更加顺畅地展开。

对沟通双方而言，不仅要对自己的角色有准确的定位，更要与对方就彼此的角色产生共识，而磨合关系的过程，就是逐渐达成这种共识的过程。假如沟通双方对彼此的角色在理解上出现了偏差，那么沟通的过程中就很容易出现冲突和危机。

王磊在一家公司的销售部门工作，平时的工作主要是推销产品。

刚刚入职的时候，人力资源经理介绍销售部门经理姓李，于是王磊便称呼其为"李经理"。实际上，在销售部门内部有一个不成文的规定，那就是大家都称呼李经理为"老大"。只是王磊已经习惯了称呼"李经理"，所以在他知道这个"规定"之后，也没有改变对李经理的称呼。

转眼间，已经到了年底，销售部门的同事们在一起聚餐。觥筹交错之间，同事们纷纷表达对王磊的战友之谊，也表示一定要跟着"老大"再创辉煌。这

时，"老大"说道："王磊，你到销售部之后，表现得不错，继续努力啊！"

通过将近一年的了解和接触，王磊已经融入了销售部这个集体之中，同事和李经理的这些话更让王磊备受鼓舞。他站起身，端起酒杯，对李经理说："老大，谢谢您的帮助和栽培！我一定好好干！"

从王磊的话中可以看出，他已经遵从了销售部的"规定"，这说明他对这个集体充满了感情，愿意按照集体的沟通方式与别人进行沟通。当然，他的这种表现也是"老大"所期待的，就整个集体而言，这是一种极好的结果。

不成文的规定在很多情况下都会出现，当你进入某个关系网时，你的角色就已经被固定了。一旦你选择了进入其中，就必须遵守沟通中的"规定"。

人的一生中总要扮演很多不同的角色，有时是员工，有时是家长，有时是孩子，等等，人们要在各种角色中不断进行切换。不断变换角色，就意味着需要不断变换沟通方式，对任何一个人来说，这种变换都是一种极大的挑战。当我们在工作中遇到了不顺心的事情，回归家庭之后如何与家人进行沟通？当我们被家庭琐事困扰，如何在工作中尽快调整状态？种种的问题和疑惑，需要我们一一进行解答和处理。

当多个角色同时出现的时候，我们应该选定一个主要的角色，并根据角色的重要性对它们进行排序，这样才能做到条分缕析，避免陷入角色的纠缠之中。当我们尚且无法在各种角色中自由切换，游刃有余地应对各种角色时，我们最好只关注眼前的事情，只扮演好当前的角色。

说服的终极目标，是为了达成共识

在沟通的过程中，一旦遇到与自己意见不同的人，我们通常希望说服对方，让对方跟自己站在同一条战线上。

为了达到说服的目的，很多人会将良好的口才当作最佳武器，说起话来滔滔不绝，想要凭借三寸不烂之舌改变对方的观点。然而，这种方式往往不受欢迎，当他们费尽唇舌地卖力劝说时，对方或许根本就没有认真去听，甚至根本没听。这样的说服，又有什么效果可言？

还有些人，在说服别人的时候俨然成了正义的化身，总是一副大义凛然的样子，仿佛对方犯下了弥天大错，必须由他们进行严肃的指正。最后，对方即便接受了他们的观点，在心中却与他们划清了界限。这样的说服，即便成功了又有何意义呢？

说服的终极目标，并不是要让对方折服，而是让对方心悦诚服地接受我们的观点，进而做出某些调整或改进，以求在未来达成某种共识，实现共赢的目标。如果在说服的过程中偏离了终极目标，那么说服就像脱离了轨道的火车，非但无法抵达最后的目的地，还会给自己带来极大的损失。

　　某公司要组织一次外出考察活动，想参加的人自己报名，但是名额毕竟有限，所以很多人都积极报名参加。

　　里弗斯是一名部门经理，也是公司的骨干，如果他想参加，肯定会有他的机会。但是，他一向认为考察活动不过是一种表面的形式而已，根本就是浪费时间，所以他并没有报名。

　　保罗也是一名部门经理，和里弗斯有着不同的看法，他不仅自己想去，也想和里弗斯结伴而行。于是，他来到里弗斯家里，希望可以说服里弗斯报名参加。

　　"这是多好的一次机会啊，可以出去看看外面的世界，不仅能开阔眼界，还能欣赏异国的风光。"保罗对里弗斯说。

　　"我可不这样想，舟车劳顿的滋味我已经受够了。还是待在家里舒服，自由自在，多好啊！"里弗斯淡淡地说。

　　"总想待在家里，你还有没有追求了？"保罗义正词严地说，"说好听点，你这是贪图安逸，说难听点，那就是不思进取！"

　　"不思进取？我怎么不思进取了？""不思进取"四个字刺痛了里弗斯的神经，"我进不进取和你有什么关系？用得着你在我面前啰唆？"

　　看到里弗斯涨红的脸，保罗自知话说得太重，急忙灰溜溜地走了。

　　后来，里弗斯也报名参加了考察团，但是在整个考察过程中都没有和保罗有什么沟通。

　　从表面上看，保罗希望说服里弗斯参加考察团的目的达到了，但是两个人的关系却变得不如以往那么亲密了。对保罗来说，这种成功根本没有意义。

　　在说服别人的时候，很多人会犯与保罗相同的错误——忘记了说服的终极目标，结果做出本末倒置的事情。要想改变这种局面，就要从心理上重视，时刻告诫自己：说服是为了达成共识，而不是让对方折服。